高职高专教改新成果规划教材·会计

U0674681

成本会计实务
同步训练
（第二版）

兰霞 胡佳妮 刘克涛 / 主编

缪梦 杨婷 向美英 刘英 / 副主编

东北财经大学出版社
Dongbei University of Finance & Economics Press

大连

图书在版编目（CIP）数据

成本会计实务同步训练／兰霞，胡佳妮，刘克涛主编.—2版.
—大连：东北财经大学出版社，2017.6
（高职高专教改新成果规划教材·会计）
ISBN 978 - 7 - 5654 - 2656 - 8

Ⅰ.成…　Ⅱ.①兰…　②胡…　③刘…　Ⅲ.成本会计–会计实务–高等
职业教育–习题集　Ⅳ.F234.2-44

中国版本图书馆 CIP 数据核字（2017）第 008467 号

东北财经大学出版社出版
（大连市黑石礁尖山街217号　邮政编码　116025）
网　　　址：http：//www.dufep.cn
读者信箱：dufep@dufe.edu.cn
大连雪莲彩印有限公司印刷　东北财经大学出版社发行
幅面尺寸：170mm×240mm　　字数：158千字　　印张：8.25
2017年6月第2版　　　　　　2017年6月第3次印刷
责任编辑：张旭凤　周　慧　　　　责任校对：慧　心
封面设计：冀贵收　　　　　　　　版式设计：钟福建
定价：18.00元

"高职高专教改新成果规划教材·会计" 编写委员会

第二版前言

十多年来，我国高等职业教育发展迅速，工学结合、任务驱动、"教、学、做"一体化等教学理念、教学模式和教学方法已经逐步得到贯彻和实施。为了体现教育部对高职高专院校培养高素质技能型专业人才方面的要求，反映企业会计准则体系和其他成本会计相关法规的变化，满足高职高专院校成本会计课程的教学需要，对配套辅导书《成本会计实务同步训练》进行了同步修订和再版。

《成本会计实务同步训练》（第二版）针对主教材《成本会计实务》（第二版）的内容，采用不同题型进行多角度练习，有助于学生在较短的时间内理解教材的重点、难点内容，进而系统地掌握成本的基本理论与成本核算的基本技能。

本书题型包括单项选择题、多项选择题、判断题和业务题四种形式，旨在加强学生对成本会计基本理论的学习和训练学生的专业能力。

本书由武汉信息传播职业技术学院兰霞、胡佳妮，四川财经职业学院刘克涛担任主编；武汉信息传播职业技术学院缪梦、汉口学院杨婷、武汉职业技术学院向美英、湖北生物科技职业学院刘英担任副主编。其具体分工如下：兰霞完成第一部分的项目一和第二部分的项目一，并同向美英共同完成第一部分的项目三；杨婷完成第一部分的项目二和第二部分的项目三；刘克涛完成第二部分的项目二；缪梦完成第二部分的项目四；刘英完成第二部分的项目五；胡佳妮完成第三部分。最后由兰霞完成全书的统稿工作。

由于编者水平有限，加之时间仓促，且涉及内容较多，书中难免有错误或不当之处，敬请读者批评指正。

编　者
2017年5月

目 录

第一部分　成本会计实务基础知识同步练习

第二部分　成本核算方法同步练习

第三部分　成本报表编制与分析同步练习

第四部分　参考答案

成本会计实务基础知识同步练习

成本会计实务基础工作

一、单项选择题

1.从理论上讲，产品成本应是产品价值中的（　　）。

A.C   B.V   C.C+V+M   D.C+V

2.商品的理论成本是指（　　）。

A.已耗费的生产资料转移的价值

B.劳动者为社会劳动所创造的价值

C.已耗费的生产资料转移的价值和劳动者必要劳动所创造的价值

D.劳动者为自己劳动所创造的价值

3.成本的经济实质是（　　）。

A.生产经营过程中所耗费生产资料转移价值的货币表现

B.劳动者为自己劳动所创造价值的货币表现

C.劳动者为社会劳动所创造价值的货币表现

D.企业在生产经营过程中所耗费的资金的总和

4.成本会计是会计的一个重要分支，是以（　　）为对象的一种专业会计。

A.企业   B.利润   C.成本   D.资金

5.在成本会计的各项职能中，（　　）是基本的职能。

A.成本核算 B.成本决策 C.成本预测 D.成本计划

6.从管理角度来看，成本会计是（　　）的一个组成部分。

A.财务会计 B.管理会计 C.财务管理 D.预算会计

7.成本会计的任务主要决定于（　　）。

A.企业经营管理的要求   B.成本核算

C.成本控制   D.成本决策

8.下列支出中，属于资本性支出的有（　　）。

A.固定资产的支出   B.所得税的支出

C.违约金、赔偿金的支出 D.工资、材料费用的支出

9.在一般情况下，理论成本包括的内容和实际工作中的成本开支范围（   ）。

A.是完全一致的   B.是毫无关系的

C.是相互可以替代的   D.是有一定差别的

10.产品成本是指企业生产一定种类、一定数量的产品所支出的各项（   ）。

A.生产费用之和   B.生产经营管理费用总和

C.经营管理费用总和   D.料、工、费及经营费用总和

11.下列各项中，不应计入产品成本的是（   ）。

A.废品损失   B.管理费用

C.修理期间停工损失   D.季节性停工损失

12.成本会计的对象是（   ）。

A.产品成本的形成过程

B.各项生产费用的归集和分配

C.各行业企业生产经营业务的成本和有关的期间费用

D.制造业的成本

13.成本会计最基本的任务和中心环节是（   ）。

A.进行成本预测，编制成本计划

B.审核和控制各项费用的支出

C.进行成本核算，提供实际成本的核算资料

D.参与企业的生产经营决策

14.下列各项中，不属于产品成本项目的是（   ）。

A.直接材料   B.外购材料   C.直接人工   D.制造费用

15.正确计算产品成本，应做好的基础工作是（   ）。

A.正确确定财产物资的计价   B.正确划分各种费用界限

C.确定成本计算对象   D.建立和健全原始记录工作

16.下列各项中，应计入管理费用的是（   ）。

A.银行借款的利息支出   B.银行存款的利息收入

C.企业的技术开发费   D.车间管理人员的工资

17.为了保证按每个成本计算对象正确地归集应负担的费用，必须将应由本期产品负担的生产费用正确地在（   ）之间进行分配。

A.各种产品   B.完工产品和在产品

C.盈利产品与亏损产品   D.可比产品与不可比产品

18.下列各项中，既是成本预测的结果，又是制定成本计划的依据的是（   ）。

A.成本决策   B.成本核算   C.成本控制   D.成本分析

19.下列各项中，属于非相关成本的是（   ）。

A.机会成本   B.沉没成本   C.差别成本   D.付现成本

20.大中型企业的成本会计工作一般采取（   ）。

A.集中工作方式 　　　　　　　　B.统一领导方式

C.分散工作方式 　　　　　　　　D.会计岗位责任制

二、多项选择题

1.产品的价值包括（　　　）。

A.生产过程中耗费的生产资料转移的价值

B.劳动者为自己劳动所创造的价值

C.劳动者为社会劳动所创造的价值

D.必要劳动

2.成本会计的职能包括（　　　）。

A.成本预测和成本决策

B.成本核算

C.成本分析和成本计划

D.成本控制和成本考核

3.下列关于成本会计职能的说法中，正确的有（　　　）。

A.成本预测是成本决策的前提

B.成本计划是成本决策目标的具体化

C.成本控制对成本计划的实施进行监督

D.成本分析和考核对以后的预测和决策以及编制新的成本计划提供依据

4.产品成本项目包括（　　　）。

A.直接材料　　　　B.外购材料　　　　C.直接人工　　　　D.制造费用

5.期间费用包括（　　　）。

A.材料费用　　　　B.销售费用　　　　C.管理费用　　　　D.财务费用

6.混合成本包括（　　　）。

A.半固定成本　　　B.半变动成本　　　C.曲线变动成本　　　D.延期变动成本

7.成本会计的任务受（　　　）。

A.企业经营管理的要求所决定 　　　B.国家的宏观控制所决定

C.上级主管部门的要求所决定 　　　D.成本会计的对象所制约

8.下列关于成本会计、财务会计和管理会计之间的关系的描述中，正确的有（　　　）。

A.成本会计提供的成本信息既可以为财务会计编制财务报表之用，也可以满足企业内部管理人员进行决策或业绩评价的需要

B.就财务报表的编制而言，成本会计附属于财务会计

C.从管理角度来看，成本会计也是管理会计的一个组成部分

D.财务会计与管理会计，两者都必须依赖于成本会计系统所提供的信息

9.一般说来，企业应根据（　　　）来组织成本工作。

A.生产规模的大小 B.企业机构的设置

C.成本管理的要求 D.生产经营业务的特点

10.（　　　）是成本事前规划的具体手段。

A.成本预测 B.成本决策

C.成本计划 D.成本考核

11.成本会计的作用有（　　　）。

A.产品成本是补偿生产耗费的尺度

B.产品成本是综合反映企业工作质量的重要指标

C.产品成本是制定产品价格的一项重要因素

D.产品成本是企业进行决策的重要依据

12.为了正确计算产品成本，应做好的基础工作包括（　　　）。

A.建立和健全原始记录

B.做好材料物资的计量、收发、领退和盘点工作

C.实施有效的定额管理

D.建立适合企业的内部结算价格

13.为了正确计算产品成本，必须正确划分的费用界限包括（　　　）。

A.盈利产品和亏损产品

B.可比产品和不可比产品

C.生产费用与期间费用

D.完工产品与在产品

14.成本核算的原则有（　　　）。

A.实际成本核算原则 B.权责发生制原则

C.一致性原则 D.分期核算原则

15.下列各项中，应该计入产品成本的有（　　　）。

A.企业行政管理部门用固定资产的折旧费

B.车间厂房的折旧费

C.车间生产用设备的折旧费

D.车间辅助人员的工资

16.成本核算的账户体系包括（　　　）。

A.生产成本 B.制造费用 C.废品损失 D.停工损失

17.下列关于制造业生产经营过程中发生的支出，不应计入产品成本的有（　　　）。

A.管理费用 B.财务费用 C.销售费用 D.制造费用

18.下列会计法规、制度中，属于企业内部的成本会计制度、规程和办法的有（　　　）。

A.关于成本预测和决策的制度

B.《企业会计准则》

C.关于成本定额、成本计划的编制制度

D.《企业会计制度》

19.成本按其可控性的程度可分为（　　　）。

A.可控制成本　　　　B.预计成本　　　　C.不可控制成本　　D.实际成本

20.成本会计机构内部的组织分工有（　　　）。

A.集中工作方式　　　　　　　　　B.按成本会计的对象分工

C.按成本会计的职能分工　　　　　D.分散工作方式

三、判断题

1.凡有经济活动的地方，就有成本的存在。（　　　）

2.成本是指企业为生产产品、提供劳务而发生的各种耗费。（　　　）

3.成本会计的对象，概括来讲，就是成本的生产成本。（　　　）

4.从理论上讲，商品价值中的补偿部分，就是商品的理论成本。（　　　）

5.成本的经济实质，是企业在生产经营过程中所耗费的资金的总和。（　　　）

6.成本预测和计划是成本会计的最基本的任务。（　　　）

7.在实际工作中，确定成本的开支范围应以成本的经济实质为理论依据。（　　　）

8.以已经发生的各项费用为依据，为经济管理提供真实的、可以验证的成本信息资料，是成本会计反映职能的基本方面。（　　　）

9.成本预测是成本会计的基础。（　　　）

10.没有成本核算，也就没有成本会计。（　　　）

11.企业某一会计期间实际发生的产品生产费用总和等于该期产品成本的总和。（　　　）

12.企业在经营过程中发生的各项经营管理费用，应计入产品成本。（　　　）

13.生产费用是指某一时期（月、季、年）内实际发生的生产费用，而产品成本反映的是某一时期某种产品所应负担的费用。（　　　）

14.企业一定时期的生产费用等于同一时期的产品成本。（　　　）

15.期间费用不计入产品成本，但它属于成本会计的对象。（　　　）

16.为了正确计算产品成本，应该也可能绝对正确地划分完工产品与在产品的费用界限。（　　　）

17.在实际工作中，不形成产品价值的废品损失应计入产品成本。（　　　）

18.制定和修订定额，只是为了进行成本审核，与成本计算没有关系。（　　　）

19.企业主要应根据外部有关方面的需要来组织成本会计工作。（　　　）

20.在成本会计工作组织上，大中型企业一般采用分散工作方式，小型企业一般采用集中工作方式。（　　　）

项目二 产品成本核算基本要求及基本程序

一、单项选择题

1. 下列各项中，属于资本性支出的是（   ）。

A.购置固定资产支出　　　　　　　　B.销售人员报销差旅费

C.生产产品领用材料　　　　　　　　D.预提银行短期借款利息

2. 下列各项中，应列入收益性支出的是（   ）。

A.专设销售机构的各项经费　　　　　B.自然灾害损失

C.购买专利权　　　　　　　　　　　D.罚款支出

3. 为正确计算产品成本，应正确划分的费用界限是（   ）。

A.销售费用和财务费用　　　　　　　B.生产费用和期间费用

C.财务费用和管理费用　　　　　　　D.管理费用和销售费用

4. 固定资产报废清理净损失应计入（   ）。

A.生产成本　　　B.管理费用　　　C.营业外支出　　　D.制造费用

5. 乱挤成本、费用，会导致（   ）。

A.减少生产成本　　　　　　　　　　B.增加国家财政收入

C.减少库存商品　　　　　　　　　　D.减少企业利润

6. 少计成本、费用，会导致（   ）。

A.虚增利润　　　　　　　　　　　　B.增加生产成本

C.增加库存商品　　　　　　　　　　D.使企业成本、费用得到应有的补偿

7. 为组织和管理企业生产经营活动所发生的管理费用应计入（   ）。

A.生产成本　　　B.期间费用　　　C.库存商品　　　D.营业外支出

8. 如果某种产品全部完工，这种产品的生产耗费、支出之和，就是这种产品的（   ）。

A.期初在产品成本　　　　　　　　　B.期末在产品成本

C.完工产品成本　　　　　　　　　　D.本期生产成本

9. 生产工艺过程不可间断或者集中一次投料，不能分散在不同地点进行的产品生产是（   ）。

A.单步骤生产　　　B.大量生产　　　C.成批生产　　　D.单件生产

10. 船舶制造企业按照生产组织形式划分属于（   ）。

A.大量生产　　　B.大批生产　　　C.单件生产　　　D.小批生产

11. 下列各项中，属于产品成本核算基本方法的是（   ）。

A.定额法　　　B.交互分配法　　　C.分步法　　　D.分类法

12. 以产品品种为成本计算对象的产品成本核算方法称为（   ）。

A.分类法　　　　B.分步法　　　　C.分批法　　　　D.品种法

13.以产品批别为成本计算对象的产品成本核算方法，其成本计算期的特点是（　　）。

A.不定期计算成本，与生产周期一致

B.不定期计算成本，与会计期间一致

C.定期计算成本，与会计期间一致

D.定期计算成本，与会计期间不一致

14.品种法适用的生产组织形式是（　　）。

A.多步骤生产　　　　　　　　B.单步骤生产

C.单件小批生产　　　　　　　D.大量大批生产

15.汽车制造业按其产品生产工艺过程属于（　　）。

A.大批生产　　　　　　　　　B.大量生产

C.装配式多步骤生产　　　　　D.连续式多步骤生产

16.（　　）情况下，月末才需要划分完工产品和月末在产品费用界限问题。

A.本月既有完工产品又有未完工产品

B.本月产品全部完工

C.本月产品全部未完工

D.以上都不对

17.（　　）是区别各种成本核算基本方法的主要标志。

A.成本项目　　　　　　　　　B.成本计算对象

C.成本计算期　　　　　　　　D.以上都不对

18.单件小批生产的成本计算对象，通常是（　　）。

A.产品的品种　　　　　　　　B.产品的生产步骤

C.产品的类别　　　　　　　　D.产品的批别

19.确定（　　）是设置产品成本明细账、分配生产费用和计算产品成本的前提。

A.成本计算期　　　　　　　　B.成本计算对象

C.成本项目　　　　　　　　　D.成本核算方法

20.以产品批别（订单）为成本计算对象的产品成本核算方法称为（　　）。

A.分类法　　　　B.分步法　　　　C.分批法　　　　D.品种法

二、多项选择题

1.成本核算的基础工作包括（　　）。

A.原始记录制度　　B.定额管理制度　　C.计量验收制度　　D.内部结算制度

2.对工业企业而言，可作为成本计算对象的有（　　）。

A.产品的品种　　　　　　　　B.产品的订单或批别

C.产品的生产步骤　　　　　　　　　D.产品的类别

3.属于产品成本项目的有（　　　）。

A.直接材料　　　B.直接人工　　　C.制造费用　　　D.燃料与动力

4.企业在其生产经济活动中会发生多种性质的支出，包括（　　　）。

A.资本性支出　　　B.收益性支出　　　C.营业外支出　　　D.所得税支出

5.下列属于生产经营管理费用的有（　　　）。

A.生产费用　　　　　　　　　　　　B.管理费用

C.销售费用　　　　　　　　　　　　D.购建固定资产支出

6.下列属于非生产经营管理费用的有（　　　）。

A.生产费用　　　　　　　　　　　　B.对外投资支出

C.非常损失　　　　　　　　　　　　D.购建固定资产支出

7.定额按其反映的内容不同，主要分为（　　　）。

A.工时定额　　　B.产量定额　　　C.材料消耗定额　　　D.费用定额

8.对各项要素费用审核的过程，实际上是（　　　）的工作。

A.正确划分生产经营管理费用与非生产经营管理费用的界限

B.正确划分本期完工产品与期末在产品的费用界限

C.正确划分生产费用与期间费用的界限

D.正确划分各期费用成本的界限

9.工业企业的成本计算期可能（　　　）。

A.与会计期间一致　　　　　　　　　B.与产品投产时间一致

C.与产品生产周期一致　　　　　　　D.以上都不对

10.从生产工艺过程的特点看，单步骤生产或管理上不要求分步骤计算成本的多步骤生产，通常以（　　　）作为成本计算对象。

A.产品的生产步骤　　　　　　　　　B.产品的品种

C.产品的批别　　　　　　　　　　　D.产品的类别

11.从生产组织的特点看，大量大批生产的成本计算对象可以为（　　　）。

A.产品的品种及其所经生产步骤　　　B.产品的品种

C.产品的批别　　　　　　　　　　　D.产品的类别

12.企业确定成本核算方法时，应考虑的因素有（　　　）。

A.产品的投产量　　　　　　　　　　B.企业的生产类型特点

C.企业成本管理要求　　　　　　　　D.产品的完工时间

13.工业企业的生产按照生产工艺过程的特点可以划分为（　　　）。

A.单步骤生产　　　B.大批生产　　　C.单件生产　　　D.多步骤生产

14.多步骤生产按其产品加工方式的不同，又可分为（　　　）。

A.单件小批多步骤生产　　　　　　　B.大量大批多步骤生产

C.连续式多步骤生产　　　　　　　　D.装配式多步骤生产

15.工业企业的生产按照生产组织的特点可以划分为（　　　）。

A.大量生产　　　　　B.成批生产　　　　　C.连续生产　　　　　D.单件生产

16.将生产工艺过程的特点和生产组织的特点相结合，可组合成（　　）类型。

A.单件小批单步骤　　　　　　　　B.大量大批单步骤

C.单件小批多步骤　　　　　　　　D.大量大批多步骤

17.产品成本核算的准备工作包括（　　　）。

A.确定成本计算期　　　　　　　　B.确定成本计算对象

C.确定成本项目　　　　　　　　　D.确定成本核算程序

18.企业生产类型特点和管理要求对产品成本计算的影响主要表现为（　　　）。

A.对成本计算对象的影响

B.对成本项目的影响

C.对成本计算期的影响

D.对生产费用在完工产品和在产品之间分配的影响

19.成本核算的基本方法主要包括（　　　）。

A.分类法　　　　　B.品种法　　　　　C.分批法　　　　　D.分步法

20.成本核算的辅助方法主要包括（　　　）。

A.分类法　　　　　B.品种法　　　　　C.定额法　　　　　D.分步法

三、判断题

1.产品成本核算的基本程序与正确划分各种费用界限的过程实际上是一致的。
（　　　）

2.成本项目是指生产费用按照经济内容划分成的若干项目。　　　（　　　）

3.每个工业企业的产品成本项目都分为直接材料、直接人工、制造费用。
（　　　）

4.完工产品成本计算期的确定，主要取决于企业生产工艺的特点。　（　　　）

5.在大量大批生产情况下，完工产品成本的计算期与会计期间相一致。
（　　　）

6."算管结合，算为管用"，其中"算"指的是成本核算，"管"指的是企业管理。　（　　　）

7.非常损失应计入经营管理费用。　　　　　　　　　　　　　　（　　　）

8.企业购建固定资产所发生的支出属于收益性支出。　　　　　　（　　　）

9.月末在本期完工产品与期末在产品之间进行分配的生产费用是指该种产品的累计生产费用，即期初在产品成本加上本期发生的生产费用。　（　　　）

10.财产物资的计价和价值结转的方法都由企业自行决定。　　　　（　　　）

11.将本月生产费用在各种产品之间进行归集和分配属于纵向分配。　（　　　）

12.成本管理要求是企业确定成本核算方法的首要因素。　　　　　（　　　）

13.多步骤生产是指产品生产的工艺过程不可间断，或者不能分散在不同地点进行的生产。（　　）

14.大批生产的性质接近于大量生产。（　　）

15.家用电器一般是大量生产。（　　）

16.船舶制造一般是大批生产。（　　）

17.单步骤生产的特点是生产活动可以在不同时间、不同地点进行，也可以由一个企业单独生产，也可以由几个企业协作生产。（　　）

18.成批生产的特点是产品品种较少，各种产品的产量较大，而且比较稳定。（　　）

19.对于单件小批生产来说，其成本计算是定期的，即与会计期间是相一致的。（　　）

20.在单步骤生产中，由于生产过程不能间断，生产周期较短，一般不存在生产费用在完工产品和在产品之间分配的问题。（　　）

四、业务题

1.目的：练习耗费、支出的属性分析。

【资料】某工业企业发生的耗费、支出项目，见表1-2-1。

要求：根据表1-2-1所列的耗费、支出项目，分析其属性，并在相应的栏目内打"√"。

表1-2-1　　　　　　　　　　耗费、支出项目表

耗费、支出项目	资本性支出	收益性支出	福利性支出	营业外支出	所得税支出	利润分配性支出
生产领用原材料5 000元						
购买一项专利权50 000元						
张华报销医药费2 000元						
罚款支出2 000元						
缴纳所得税5 000元						
支付股东刘明红利30 000元						
购买固定资产200 000元						
支付生产人员工资5 000元						
刘红报销差旅费3 000元						
支付短期借款利息5 000元						
支付广告费3 000元						
生产车间报销办公费3 000元						

2.目的：练习耗费、支出的属性分析。

【资料】某工业企业2016年5月份发生的耗费、支出项目，见表1-2-2。

表1-2-2 　　　　　　　　　　　　　　**耗费、支出项目表**

耗费、支出项目	产品成本或期间费用						非产品成本或非期间费用
	5月份					6月份	
	甲产品成本	乙产品成本	期间费用				
			管理费用	销售费用	财务费用		
1.5月份仓库发出原材料10 000元，其中：甲产品5 000元，乙产品4 000元，行政管理部门1 000元							
2.5月份新购置机器设备支出200 000元							
3.支付5月份和6月份的行政办公楼租金各30 00元，共6 000元							
4.支付5月份和6月份的短期借款利息各1 000元，共2 000元							
5.5月份存货发生火灾损失1 000元							
6.5月月末分配电费8 000元，其中：甲产品4 000元，乙产品2 000元，厂部2 000元							
7.分配5月份职工薪酬20 000元，其中：甲产品6 000元，乙产品4 000元，行政管理部门5 000元，专设销售机构3 000元，在建工程2 000元							
8.计提5月份固定资产折旧8 000元，其中：甲产品设备折旧4 000元，乙产品设备折旧2 000元，厂部固定资产折旧2 000元							
合计							

要求：根据表1-2-2所列的耗费、支出项目，分析其属性，并将相应的金额填入表内适当位置，计算出产品成本、期间费用和非产品成本或非期间费用总额。

3.目的：练习支出费用的账务处理。

【资料】某会计在核算本月业务时，将本月用银行存款购进的固定资产50 000元全部计入本月的管理费用。

要求：根据以上资料，分析判断该会计账务处理是否正确？若不正确，会造成怎样的结果？

4.目的：练习产品成本的计算。

【资料】假设本月甲产品发生生产费用6 000元，期初甲产品成本为4 000元，期末甲产品成本为2 000元。

要求：根据以上资料，计算本月完工甲产品成本。

5.目的：练习成本计算方法的选择。

【资料】某小型服装企业有一个基本生产车间，分为A、B、C三道生产工序，按订单小批量生产各种服装。

要求：根据以上资料，分析判断该服装企业属于哪种生产类型？该服装企业应选择哪种成本核算方法比较合适？并说明理由。

6.目的：练习成本计算方法的选择。

【资料】某科技公司大量生产影碟机，下设三个基本生产车间。其中，一车间和二车间分别生产影碟机所需零配件，由三车间装配成影碟机。

要求：根据以上资料，分析判断该公司属于哪种生产类型？应选择哪种成本核算方法比较合适？并说明理由。

一、单项选择题

1.某工业企业下设供水、供电两个辅助生产车间，采用交互分配法进行辅助生产费用的分配。2016年4月，供水车间交互分配前实际发生的生产费用为90 000元，应负担供电车间的电费为27 000元，供水总量为500 000吨，其中：供电车间耗用50 000吨，基本生产车间耗用350 000吨，行政管理部门耗用100 000吨。供水车间2016年4月对辅助生产车间以外的受益单位分配水费的总成本为（　　）元。

A.81 000　　　　　B.105 300　　　　　C.108 000　　　　　D.117 000

2.应在本月计算折旧费用的固定资产是（　　）。

A.以经营租赁方式租入的房屋　　　　　B.本月购进的机器设备

C.未使用的设备　　　　　D.本月减少的设备

3.在企业未设置"燃料及动力"成本项目的情况下，生产车间发生的直接用于产品生产的动力费用，应借记的账户是（　　）。

A."管理费用"

B."生产成本——基本生产成本"

C."销售费用"

D."制造费用"

4.采用辅助生产费用的交互分配法，对外分配的费用总额是（　　）。

A.交互分配前的费用

B.交互分配前的费用加上交互分配转入的费用

C.交互分配前的费用减去交互分配转出的费用

D.交互分配前的费用加上交互分配转入的费用，再减去交互分配转出的费用

5.辅助生产费用的直接分配法，是将辅助生产费用（　　）。

A.直接计入基本生产成本的方法

B.直接计入辅助生产成本的方法

C.直接分配给辅助生产以外的各受益单位的方法

D.直接分配给所有受益单位的方法

6.辅助生产的各种分配方法中，能分清内部经济责任、有利于实行厂内经济核算的是（　　）。

A.直接分配法　　　B.交互分配法　　　C.代数分配法　　　D.计划成本分配法

7.按年度计划分配率分配制造费用的方法适用于（　　）。

A.制造费用数额较大的企业　　　　　B.季节性生产的企业

C.基本生产车间规模较小的企业　　　　　D.制造费用数额较小的企业

8.在各辅助生产车间相互提供劳务很少的情况下，适宜采用的辅助生产费用分配方法是（　　　）。

A.直接分配法　　　　　　　　　　　B.交互分配法

C.计划成本分配法　　　　　　　　　D.代数分配法

9."废品损失"账户核算的内容之一是（　　　）。

A.生产过程中发现的不可修复废品的生产成本

B.出售不合格产品的降价损失

C.产品销售后的修理费用

D.库存产品因水灾而变质的损失

10.停工损失不包括（　　　）期间发生的损失。

A.季节性停工　　　B.大修理停工　　　C.自然灾害停工　　　D.计划减产停工

11.下列方法中，不属于完工产品与月末在产品之间分配费用的方法是（　　　）。

A.约当产量法　　　　　　　　　　　B.不计算在产品成本法

C.年度计划分配率分配法　　　　　　D.定额比例法

12.各月末在产品数量较大，各月在产品数量变化较大，但原材料费用在成本中所占比重较大的产品，其在产品成本的计算可采用（　　　）。

A.固定成本计价法　　　　　　　　　B.按所耗材料费用计价法

C.约当产量法　　　　　　　　　　　D.定额成本计价法

13.采用约当产量法，原材料费用按完工产品和月末在产品数量分配时，应具备的条件是（　　　）。

A.原材料是陆续投入的

B.原材料是生产开始时一次投入的

C.原材料在产品成本中所占比重大

D.原材料是按定额投入的

14.甲产品月末在产品只计算原材料费用。该产品月初在产品原材料费用为4 800元，本月发生的原材料费用为13 200元。原材料均在生产开始时一次投入。本月完工产品400件，月末在产品100件。据此计算的甲产品本月月末在产品原材料费用为（　　　）元。

A.4 800　　　　　　B.3 200　　　　　　C.2 100　　　　　　D.3 600

15.某种产品经两道工序加工而成。其原材料分两道工序在每道工序开始时一次投入：第一道工序原材料的消耗定额为10千克/件，第二道工序原材料的消耗定额为20千克/件。据此计算的第二道工序在产品完工率为（　　　）。

A.50%　　　　　　B.66%　　　　　　C.100%　　　　　　D.80%

16.甲产品在生产过程中需经过两道工序，第一道工序定额工时为2小时，第二道工序定额工时为3小时。期末，甲产品在第一道工序的在产品为40件，在第二道工序的在产品为20件。作为分配计算在产品加工成本（不含原材料成本）的依据，其期末在产品约当产量为（ ）件。

    A.18   B.22   C.28   D.36

17.各项消耗定额或费用定额比较准确、稳定，而且各月末在产品数量变化不大的产品，其月末在产品成本的计算方法可采用（ ）。

    A.在产品按定额成本计价法   B.在产品按完工产品成本计价法

    C.在产品按约当产量法   D.在产品按所耗原材料费用计价法

18.在产品采用定额成本计价法计算时，其实际成本与定额成本之间的差异应计入（ ）。

    A.在产品成本   B.营业外支出   C.完工产品成本   D.期间费用

19.定额管理基础较好，各项消耗定额或费用定额比较准确、稳定，但各月末在产品数量变化较大的产品，其在产品成本的计算通常采用（ ）。

    A.定额成本计价法   B.定额比例法

    C.原材料费用计价法   D.约当产量法

20.某企业只生产一种产品，2016年7月1日期初在产品成本5万元。7月份发生如下费用：生产领用材料9万元，生产工人工资5万元，制造费用3万元，管理费用4万元，广告费2万元。月末在产品成本6万元。该企业7月份完工产品的生产成本为（ ）万元。

    A.14   B.15   C.16   D.17

二、多项选择题

1.下列固定资产中，不计提折旧的有（ ）。

    A.未使用的房屋和建筑物   B.不需用的固定资产

    C.提前报废的固定资产   D.以经营租赁方式租入的固定资产

2.下列属于生产要素费用的有（ ）。

    A.外购材料   B.外购燃料与动力

    C.工资及福利费   D.固定资产折旧费

3.下列费用发生时，可以直接借记"生产成本——基本生产成本"账户的有（ ）。

    A.车间照明用电费   B.构成产品实体的原材料费用

    C.车间管理人员工资   D.车间生产人员工资

4.下列项目中，在职工福利费中开支的有（ ）。

    A.医务经费   B.管理人员工资

    C.职工医药费   D.职工生活困难补助

5.下列各项中，属于辅助生产费用分配方法的有（ ）。

    A.定额比例法   B.交互分配法   C.代数分配法   D.顺序分配法

6.辅助生产车间不设"制造费用"账户核算的原因有（ ）。

    A.辅助生产车间数量较少   B.辅助生产车间不对外提供商品

C.制造费用较少　　　　　　　　　　　D.辅助生产车间规模较小

7.下列说法正确的有（　　　）。

A.直接分配法是对各辅助生产车间的成本费用进行交互分配和直接分配两次分配

B.计划成本法便于考核和分析各受益单位的经济责任

C.顺序分配法的优点是计算简便，各种辅助生产费用只计算一次

D.交互分配法是对各辅助生产车间的成本费用进行交互分配和直接分配两次分配

8.下列属于制造费用的有（　　　）。

A.生产车间的保险费　　　　　　　　　B.厂部办公楼折旧

C.在产品盘亏或毁损　　　　　　　　　D.生产车间管理人员工资

9.制造费用的分配方法有（　　　）。

A.直接分配法　　　　　　　　　　　　B.机器工时比例法

C.生产工人工资比例分配法　　　　　　D.交互分配法

10.下列不属于废品损失的有（　　　）。

A.可修复废品的修复费用

B.不可修复废品的净损失

C.产品销售后发生的产品"三包"费用

D.产品运输过程中的意外损失

11.广义在产品包括（　　　）。

A.车间在加工中的产品　　　　　　　　B.入库待销的半成品

C.未验收入库的产品　　　　　　　　　D.返修中的废品

12.企业生产费用在完工产品与在产品之间进行分配的方法的选择是根据（　　　）确定的。

A.在产品数量的多少　　　　　　　　　B.各月在产品数量变化的大小

C.各项费用比重的大小　　　　　　　　D.企业成本会计人员的多少

13.生产费用在完工产品和月末在产品之间分配的方法有（　　　）。

A.定额比例法　　　　　　　　　　　　B.在产品按定额成本计价法

C.约当产量法　　　　　　　　　　　　D.计划成本分配法

14.在产品成本的计算方法主要有（　　　）。

A.约当产量法　　　　　　　　　　　　B.定额比例法

C.定额成本法　　　　　　　　　　　　D.按所耗原材料费用计价法

15.下列各种方法中，适用于生产成本在完工产品和在产品之间分配的有（　　　）。

A.交互分配法　　　　　　　　　　　　B.定额比例法

C.在产品按固定成本计价法　　　　　　D.在产品按定额成本计价法

16.在产品成本按约当产量法计算，适用于（　　　）的产品。

A.完工产品数量较多

B.各月在产品数量变化较大

C.各成本项目费用在成本中比重相差不多

D.在产品数量较多

17.采用约当产量法计算完工产品和月末在产品成本时，应具备的条件有（　　　）。

A.月末在产品数量较大

B.各月末在产品变化较大

C.产品成本中原材料和加工费用的比重相差不大

D.产品成本中原材料和加工费用的比重相差较大

18.采用约当产量法，必须正确计算在产品的约当产量，而在产品约当产量的计算正确与否取决于在产品完工程度的测定，测定在产品完工程度的方法有（　　　）。

A.按50%平均计算各工序完工率

B.分工序分别计算完工率

C.按定额比例法计算

D.以上三种方法均可

19.分配计算完工产品和月末在产品费用时，采用在产品按定额成本计价法所具备的条件有（　　　）。

A.各月末在产品数量变化大

B.产品的消耗定额比较稳定

C.各月末在产品数量变化比较小

D.产品的消耗定额比较准确

20.采用定额比例法分配完工产品和月末在产品费用，应具备的条件有（　　　）。

A.各月末在产品数量变化较大

B.各月末在产品数量变化不大

C.消耗定额或成本定额比较稳定

D.消耗定额或成本定额波动较大

三、判断题

1.几种产品生产共同耗用的、构成产品实体的原材料费用，可以直接计入各种产品成本。　（　　　）

2.专设销售机构的固定资产修理费用应间接计入生产成本。　（　　　）

3.当企业只生产一种产品时，生产工人工资以及福利费直接计入该种产品成本。　（　　　）

4.生产车间不论是技术人员、生产人员、检验人员还是管理人员的工资及福利费，均应计入制造费用。　（　　　）

5.材料费用是产品成本的重要组成部分，因此各部门领用的材料费用都应计入

产品成本。 （　　）

6.辅助生产费用的直接分配法，就是将辅助生产费用按照对外提供劳务的数量直接分配给辅助生产部门以外的各受益单位。 （　　）

7.车间领用的材料费用，不一定都记入产品成本的"直接材料"成本项目中。 （　　）

8.停工损失是指企业或生产车间、班组在停工期间（非季节性停工期间）发生的各项费用，包括停工期间支付的直接人工费用和应负担的制造费用。 （　　）

9.企业生产工人的工资以及福利费直接计入产品成本，其他部门人员的工资及福利费间接计入产品成本。 （　　）

10.发生废品损失以后，可能会降低产品的总成本。 （　　）

11.狭义的在产品只包括该车间或该生产步骤正在加工中的那部分产品。 （　　）

12.采用在产品按所耗原材料费用计价法时，某种产品月末在产品只计算所耗原材料的费用，不计算工资等其他费用，产品的其他费用全部计入完工产品成本。 （　　）

13.完工产品与在产品之间分配费用，采用在产品按完工产品成本计价法时，在产品就是完工产品，全部生产费用之和就是完工产品成本。 （　　）

14.约当产量就是将月末在产品数量按照完工程度折算为相当于完工产品的产量。 （　　）

15.采用约当产量法计算在产品成本时，如果原材料不是在生产开始时一次投入，而是随着加工进度陆续投入的，其投料程度与其加工进度完全一致，则计算材料费用的约当产量与计算加工费用的约当产量应是一致的。 （　　）

16.在约当产量法中，核算在产品的原材料费用不需要计算在产品的约当产量。 （　　）

17.采用约当产量法计算月末在产品成本，原材料费用分配时必须考虑原材料的投料方式。 （　　）

18.某道工序在产品的完工率为至该道工序止累计的工时定额与完工的产品工时定额的比率。 （　　）

19.月末在产品按定额成本计算，实际费用脱离定额的差异全部由完工产品负担。 （　　）

20.采用定额比例法计算月末在产品成本必须具备较好的定额管理基础，而且月初、月末在产品数量变化不大。 （　　）

四、业务题

1.目的：练习材料定额消耗量比例法。

【资料】某企业本月生产A产品25台，B产品40台，C产品50台。三种产品共同耗用甲材料3 672千克，甲材料每千克5元。三种产品单位材料消耗量分别为60千克、40千克和10千克。

要求：根据以上材料，采用材料定额消耗量比例法分配甲材料费用，并作相应的账务处理。

2.目的：练习经济业务的账务处理。

【资料】兴华工厂5月份发生下列经济业务：

（1）用现金购买办公用品450元，其中，车间办公用品200元，企业管理部门办公用品250元。

（2）以银行存款支付水电费1 000元，其中，车间水电费700元，企业管理部门水电费300元。

（3）领用材料6 000元，其中，车间一般消耗5 500元，企业管理部门消耗500元。

（4）分配管理人员薪酬4 000元，其中，车间管理人员薪酬2 500元，企业管理部门人员薪酬1 500元。

（5）开出转账支票支付固定资产日常修理费4 000元，其中，车间设备修理费3 000元，企业管理部门设备修理费1 000元。

（6）提取本月固定资产折旧12 000元，其中，车间用固定资产应计折旧7 000元，企业管理部门用固定资产应计折旧5 000元。

（7）假定上述车间发生的间接费用是为了管理和组织A、B两种产品生产而发生的，将本月发生的制造费用按A、B两种产品生产工时比例进行分配。已知A、B两种产品所耗工时分别为10 000小时和5 000小时。

要求：根据上述资料，作相应的账务处理。

3.目的：练习交互分配法。

【资料】某企业设置修理和运输两个辅助生产车间及部门。修理车间本月发生费用19 000元，提供劳务20 000小时，其中，为运输部门修理1 000小时，为基本生产车间修理16 000小时，为行政管理部门修理3 000小时。运输部门本月发生费用20 000元，提供运输40 000千米，其中，为修理车间提供运输劳务1 500千米，为基本生产车间提供运输劳务30 000千米，为行政管理部门提供运输劳务8 500千米。

要求：采用交互分配法计算分配修理、运输费用，并进行相应的账务处理。（辅助生产车间不设"制造费用"科目）

4.目的：练习计划成本分配法。

【资料】某企业修理车间和运输部门本月有关经济业务汇总如下：修理车间发生费用35 000元，提供劳务20 000小时，其中，为运输部门提供3 000小时，为基本生产车间提供16 000小时，为管理部门提供1 000小时。运输部门发生费用46 000元，提供运输40 000千米，其中，为修理车间提供3 500千米，为基本生产车间提供30 000千米，为管理部门提供6 500千米。计划单位成本为修理每小时2

元，运输每小时 1.2 元。

要求：

（1）计算按计划成本分配合计数额。

（2）计算辅助生产（修理、运输）实际成本数额。

（3）计算辅助生产成本差异。

（4）编制按计划成本分配和辅助生产成本差异的账务处理。

5.目的：练习制造费用的账务处理。

【资料】某基本生产车间生产甲、乙、丙三种产品，共计生产工时 22 000 小时，其中，甲产品 7 500 小时，乙产品 8 500 小时，丙产品 6 000 小时。本月发生的各种间接费用如下：

（1）用银行存款支付车间劳动保护费 1 300 元。

（2）车间管理人员工资 4 000 元。

（3）车间管理人员福利费 560 元。

（4）车间消耗材料 1 700 元。

（5）车间固定资产折旧费 1 600 元。

（6）用现金支付车间修理费 500 元。

（7）用现金支付车间保险费 400 元。

（8）辅助生产成本（修理、运输费）转入 1 200 元。

（9）用银行存款支付车间办公费、邮电费、水电费及其他支出等共计 1 940 元。

（10）采用工时比例法在各种产品之间分配制造费用。

要求：根据上列资料，编制制造费用发生和分配的账务处理。

6.目的：练习辅助生产费用的分配方法。

【资料】某工业企业设有供电和供水两个辅助生产车间，2016 年 10 月份供电车间供电 29 000 度，全月发生生产费用 17 400 元，每度电计划成本为 0.7 元；供水车间供水 12 500 吨，全月发生生产费用 8 500 元，每吨水计划成本为 0.8 元。水电均为一般消耗所用。该企业有关的受益单位和受益数量见表 1-3-1。

表 1-3-1　　　　　　　　　　辅助生产劳务提供情况

受益单位	供电数量（度）	供水车间（吨）
供电车间		2 500
供水车间	4 000	
基本生产车间	20 000	9 000
行政管理部门	5 000	1 000
合计	29 000	12 500

要求：请分别采用直接分配法（见表1-3-2）、交互分配法（见表1-3-3）和代数分配法（见表1-3-4）对辅助生产费用进行分配，编制辅助生产费用分配表，并进行相应的账务处理。

表1-3-2　　　　　　　**辅助生产费用分配表（直接分配法）**　　　数量单位：度、吨

金额单位：元

项目		供电车间	供水车间	合计
待分配生产费用				
供应辅助生产以外的劳务数量				
单位成本				
基本生产车间	耗用数量			
	分配金额			
行政管理部门	耗用数量			
	分配金额			
合计				

表1-3-3　　　　　　　**辅助生产费用分配表（交互分配法）**　　　数量单位：度、吨

金额单位：元

项目		供电车间			供水车间			合计
		数量	分配率	分配额	数量	分配率	分配额	
待分配生产费用								
交互分配	供电车间							
	供水车间							
对外分配的辅助生产费用								
对外分配	基本生产车间							
	行政管理部门							
	合计							

表 1-3-4 　　　　　　　辅助生产费用分配表（代数分配法）　　　　数量单位：度、吨
　　　　　　　　　　　　　　　　　　　　　　　　　　　　　　　　　　　金额单位：元

项目			供电车间	供水车间	合计
待分配生产费用					
劳务供应总量					
单位成本					
辅助生产车间	供电车间	耗用数量			
		分配金额			
	供水车间	耗用数量			
		分配金额			
	分配金额小计				
基本生产车间		耗用数量			
		分配金额			
行政管理部门		耗用数量			
		分配金额			
分配金额合计（账户贷方合计）					
生产成本——辅助生产成本（账户借方合计）					
借贷方差额（尾差）					

7. 目的：练习约当产量法的计算。

【资料】金杰公司生产甲产品，原材料在生产开始时一次投入，月末在产品完工程度估计为60%。甲产品本月完工600件，月末在产品100件，月初在产品费用为：直接材料32 000元，直接人工37 000元，制造费用10 000元。本月发生的生产费用为：直接材料45 000元，直接人工95 000元，制造费用56 000元。

要求：按约当产量法计算甲产品完工产品成本和月末在产品成本。

8. 目的：练习约当产量法的计算。

【资料】金杰公司2016年6月生产乙产品，本月完工800件，月末在产品200件，原材料在生产开始时一次投入，在产品完工程度为50%。有关月初在产品成本和本月生产费用见表1-3-5。

表 1-3-5　　　　　月初在产品成本和本月生产费用　　　　　单位：元

项目	直接材料	燃料及动力	直接人工	制造费用	合计
月初在产品成本	46 800	2 000	9 700	6 000	64 500
本月生产费用	273 200	22 300	60 500	25 500	381 500

要求：按约当产量法编制产品成本计算单（见表 1-3-6），计算乙产品完工产品成本和月末在产品成本，并编制完工产品入库的会计分录。

表 1-3-6　　　　　**产品成本计算单**
产品名称：乙产品　　　　　2016 年 6 月

项目	直接材料	燃料及动力	直接人工	制造费用	合计
月初在产品成本（元）					
本月生产费用（元）					
生产费用合计（元）					
约当产量（件）					
分配率（元/件）					
完工产品成本（元）					
月末在产品成本（元）					

9.目的：练习定额成本计价法的计算。

【资料】金杰公司 2016 年 8 月生产的 A 产品完工 1 000 件，月末在产品 300 件，原材料在生产开始时一次投入。月初在产品和本月发生的生产费用合计为：直接材料 77 000 元，直接人工 36 000 元，制造费用 28 200 元。定额成本为：直接材料每件 80 元，直接人工每小时 3 元，制造费用每小时 2 元。单位在产品工时定额为 6 小时。

要求：按在产品按定额成本计价法计算本月完工产品成本与月末在产品成本。

10.目的：练习定额比例法的计算。

【资料】金杰公司生产 B 产品，有关月初在产品成本和本月生产费用见表 1-3-7。

表 1-3-7　　　　　月初在产品成本和本月生产费用　　　　　单位：元

摘要	直接材料	直接人工	制造费用	合计
月初在产品成本	4 800	2 750	7 500	15 050
本月生产费用	60 000	16 000	30 000	106 000
生产费用合计	64 800	18 750	37 500	121 050

本月完工产品 700 件，原材料费用定额为每件 80 元，工时定额为每件 3 小时。月末在产品 200 件，原材料费用定额为每件 80 元，工时定额为每件 2 小时。

要求：采用定额比例法分配本月完工产品成本和月末在产品成本（列示计算过程），并编制产品成本计算单（见表 1-3-8）。

表 1-3-8 产品成本计算单

产品名称：B 产品 金额单位：元

摘要	直接材料	直接人工	制造费用	合计
月初在产品成本				
本月生产费用				
生产费用合计				
分配率				
本月完工产品成本				
月末在产品成本				

第二部分

成本核算方法同步练习

项目一	品种法核算

一、单项选择题

1.最基本的成本计算方法是（　　　）。

A.品种法　　　　　B.分批法　　　　　C.分步法　　　　　D.分类法

2.品种法就是（　　　）。

A.单一法

B.简单法

C.按照产品品种计算产品成本的方法

D.按照产品品种和生产步骤计算产品成本的方法

3.品种法是产品成本计算的（　　　）。

A.主要方法　　　　B.重要方法　　　　C.最一般方法　　　D.最基本方法

4.产品成本计算的品种法，是一种（　　　）计算产品成本的方法。

A.按产品品种、产品批别和产品生产步骤

B.按产品品种、不按产品批别、按各生产步骤的各种产品

C.按产品类别、不按产品批别和产品生产步骤

D.按产品品种、不按产品批别和产品生产步骤

5.品种法的成本计算对象是（　　　）。

A.产品品种　　　　B.产品类别　　　　C.批别或订单　　　D.生产步骤

6.下列各项中，各种成本计算方法都必须提供的是（　　　）。

A.按品种反映的产品成本　　　　　　　B.按批别反映的产品成本

C.按生产步骤反映的产品成本　　　　　D.按类别反映的产品成本

7.品种法应以（　　　）为成本核算对象，据以开设生产成本明细账。

A.生产单位　　　　B.生产车间　　　　C.产品结构　　　　D.产品品种

8.品种法的成本计算期是与（　　　）不一致的。

A.会计报告期　　　B.生产周期　　　　C.会计分期　　　　D.产品完工日期

9.产品成本计算的品种法的特点是（　　　）。

A.分步不分批　　　　　　　　　　B.分批不分步

C.既不分批也不分步　　　　　　　D.先按产品的类别计算

10.如果企业只生产一种产品，那么发生的费用（　　　）。

A.全部直接计入费用

B.全部间接计入费用

C.需要将生产费用进行分配后计入

D.部分是直接费用，部分是间接费用

11.下列方法中，属于产品成本计算基本方法的是（　　　）。

A.定额成本法　　　B.分类法　　　C.品种法　　　D.标准成本法

12.产品成本计算的品种法，主要适用于（　　　）生产情形的企业。

A.大量大批多步骤　　　　　　　　B.大量大批单步骤

C.单件小批　　　　　　　　　　　D.单件成批

13.在大量大批多步骤生产的情况下，如果管理上不要求分步骤计算产品成本，其所采用的成本计算方法应是（　　　）。

A.品种法　　　B.分类法　　　C.分步法　　　D.分批法

14.品种法适用的生产组织是（　　　）。

A.大量成批生产　　　　　　　　　B.大量小批生产

C.单件小批生产　　　　　　　　　D.大量大批生产

15.下列企业中，最常采用品种法计算产品成本的是（　　　）。

A.纺织厂　　　B.发电厂　　　C.制衣厂　　　D.钢铁厂

16.在大量生产的企业里，要求连续不断地重复生产一种或若干种产品，因而管理上只要求而且也只能按照（　　　）计算成本。

A.产品批别　　　B.产品品种　　　C.产品类别　　　D.产品步骤

17.下列各种产品成本计算方法中，适用于单步骤、大量生产的是（　　　）。

A.逐步结转分步法　　　　　　　　B.品种法

C.分批法　　　　　　　　　　　　D.平行结转分步法

18.生产按流水线组织、多步骤大量生产产品，且管理上不要求按生产步骤计算产品成本的企业，都应采用的产品成本计算方法是（　　　）。

A.品种法　　　B.分步法　　　C.分批法　　　D.定额法

19.下列企业类型中，可以采用品种法进行成本核算的有（　　　）。

A.造船企业　　　　　　　　　　　B.重型机器制造企业

C.精密仪器制造企业　　　　　　　D.采掘企业

20.下列关于品种法的叙述，不正确的是（　　　）。

A.一般定期计算产品成本

B.适用于大量大批单步骤生产的企业

C.适用于大量大批多步骤生产的企业

D.如果是生产一种产品，则不需要在成本计算对象之间分配间接费用

二、多项选择题

1.产品成本计算的基本方法有（　　　）。

A.品种法　　　　　B.分批法　　　　　C.分步法　　　　　D.分类法

2.下列方法中，不属于产品成本计算辅助方法的有（　　　）。

A.定额法　　　　　B.分步法　　　　　C.分类法　　　　　D.分批法

3.为了适应各种生产的特点和管理的要求，在成本计算工作中有以不同的产品成本计算对象为标志的三种成本计算方法，即（　　　）。

A.分类法　　　　　B.品种法　　　　　C.分批法　　　　　D.分步法

4.品种法是产品成本计算最基本的方法，这是因为（　　　）。

A.品种法计算成本最简单

B.品种法需要按月计算产品成本

C.任何成本计算方法最终都要计算出各品种的成本

D.品种法的成本计算程序最有代表性

5.品种法与其他成本计算方法的区别是（　　　）的不同。

A.成本计算对象

B.成本计算期

C.生产费用在产成品和半成品之间的分配情况

D.会计报告期

6.品种法因其应用在不同的企业，可以分为（　　　）。

A.简单品种法　　　B.实用品种法　　　C.理论品种法　　　D.典型品种法

7.品种法的成本计算期是与（　　　）相一致的。

A.生产周期　　　　B.会计报告期　　　C.会计分期　　　　D.产品完工日期

8.品种法适用于（　　　）。

A.大量大批生产

B.多步骤生产

C.单步骤生产

D.管理上不要求分步骤计算成本的多步骤生产

9.下列对品种法的表述，正确的有（　　　）。

A.成本计算程序较为复杂

B.是大量大批多步骤企业必须采用的成本计算方法

C.分类法是品种法的变通运用

D.可用于大量单步骤生产产品的企业

10.品种法适用于（　　　）。

A.大量大批单步骤生产企业

B.大量大批多步骤生产但管理上不要求分步计算成本的企业

C.大量大批多步骤生产而且管理上要求分步计算成本的企业

D.小批单件生产企业

11.下列企业一般采用品种法计算产品成本的有（　　　）。

A.糖果厂　　　　　　B.砖瓦厂　　　　　　C.小型水泥厂　　　　D.小型陶瓷厂

12.品种法一般适用于（　　　）。

A.大量大批单步骤生产的企业

B.单件小批生产的企业

C.供电、供水等单步骤辅助生产的企业

D.大量大批多步骤生产且管理上不要求按照生产步骤计算产品成本的企业

13.下列关于品种法的叙述，正确的有（　　　）。

A.适用于大量大批单步骤生产的企业

B.一般定期计算产品成本

C.不需要分配生产费用

D.如果是生产一种产品，则不需要在成本计算对象之间分配间接费用

14.品种法的特点包括（　　　）。

A.成本计算对象是产品品种

B.一般定期计算产品成本

C.如果月末有在产品，要将生产成本在完工产品和在产品之间进行分配

D.成本计算期与产品的生产周期基本一致

15.下列对品种法特点的表述，正确的有（　　　）。

A.以产品品种为成本计算对象

B.成本计算一般要按月进行

C.月末一般应根据具体情况处理在产品成本

D.不分步骤计算产品成本

16.以下属于品种法特征的有（　　　）。

A.成本计算期与生产周期一致　　　　　　B.按月定期计算产品成本

C.一般适用于大量大批的生产　　　　　　D.不一定要计算月末在产品成本

17.下列各项中，属于品种法计算程序的有（　　　）。

A.按品种开设成本明细账或产品成本计算单

B.归集并分配要素费用、辅助生产费用和制造费用

C.分配计算完工产品成本和在产品成本

D.编制完工产品成本汇总表，结转完工产品成本

18.下列关于品种法的说法，正确的有（　　　）。

A.如果企业生产的产品属于多步骤，则应采用品种法计算产品成本

B.如果是单步骤、大量生产的企业，则应采用品种法计算产品成本

C.品种法是指以产品品种为成本计算对象，归集和分配生产费用，计算产品成本的一种方法

D.品种法一般每月月末计算产品成本

19.下列企业中，适合品种法计算产品成本的有（　　　）。

A.发电企业 　　　　　　　　　　B.汽车制造企业

C.采掘企业 　　　　　　　　　　D.船舶制造企业

20.下列有关品种法计算程序的表述，正确的有（　　　）。

A.发生的各项直接费用直接计入各产品成本明细账

B.发生的间接费用则采用适当的分配方法在各种产品之间进行分配

C.如果只生产一种产品，只需为这种产品开设一张产品成本明细账

D.如果生产多种产品，要按照产品的品种分别开设产品成本明细账

三、判断题

1.品种法是最基本的成本计算方法。　　　　　　　　　　　　　　　（　　）

2.品种法主要适用于简单生产，因此称为简单法。　　　　　　　　　（　　）

3.品种法是以产品品种为成本计算对象，用以归集生产费用，计算产品成本的一种方法。　　　　　　　　　　　　　　　　　　　　　　　　　　　（　　）

4.生产组织的不同对产品成本计算方法的影响是：品种法适用于小批单件生产；分批法适用于大批大量生产。　　　　　　　　　　　　　　　　　（　　）

5.品种法、分批法和分类法都属于成本计算的基本方法。　　　　　　（　　）

6.一般来说，辅助生产成本的计算也可采用品种法。　　　　　　　　（　　）

7.品种法是各种产品成本计算方法的基础。　　　　　　　　　　　　（　　）

8.单步骤生产都应采用品种法计算产品成本。　　　　　　　　　　　（　　）

9.品种法的成本计算对象可以是单件产品，也可以是生产步骤。　　　（　　）

10.品种法不属于产品成本计算的辅助方法。　　　　　　　　　　　　（　　）

11.品种法在大量大批多步骤生产的企业，无论其管理要求如何，均不适用。　　　　　　　　　　　　　　　　　　　　　　　　　　　　　　　（　　）

12.品种法应按生产单位开设产品成本计算单。　　　　　　　　　　　（　　）

13.品种法的成本计算期与会计报告期一致，与生产周期不一致。　　　（　　）

14.产品成本计算的品种法，只适用于大量大批单步骤生产的企业或车间。　　　　　　　　　　　　　　　　　　　　　　　　　　　　　　　　（　　）

15.发电、供水、采掘等企业适合的成本计算方法是品种法。　　　　　（　　）

16.采用品种法计算产品成本，对月末在产品成本的处理要视期末是否有在产品以及在产品数量的多少来确定。　　　　　　　　　　　　　　　　　（　　）

17.根据企业生产经营特点和管理要求，单步骤、大量生产的产品一般采用品种法计算产品成本。　　　　　　　　　　　　　　　　　　　　　　　（　　）

18.汽车修理企业适合采用的成本计算方法是品种法。　　　　　　　（　　）

19.品种法下，不需要在各种产品之间分配费用，也不需要在完工产品和期末在产品之间分配费用。　　　　　　　　　　　　　　　　　（　　）

20.不论什么组织方式的制造企业、什么生产类型的产品，也不论成本管理要求如何，最终都必须按照产品品种计算产品成本。　　　　　　　（　　）

四、业务题

1.目的：练习品种法的核算。

【资料】金杰公司根据生产的特点和管理的要求对甲产品采用品种法计算产品成本。生产费用采用约当产量法在完工产品与月末在产品之间分配，原材料在生产开始时一次投入，其他加工费用发生较为均衡。期末在产品的完工程度平均按50%计算。金杰公司2016年3月有关甲产品成本费用资料如下：

（1）月初甲在产品2 200件，直接材料为2 200 000元，直接人工为180 000元，制造费用为240 000元。

（2）本月投入生产甲产品7 800件，本月完工产品8 400件，月末在产品1 600件。

（3）本月生产甲产品发生有关成本费用资料如下：

①本月投入生产甲产品耗用主要材料7 000 000元，辅助材料400 000元，车间管理部门耗用材料30 000元。

②本月分配直接生产甲产品工人工资1 458 000元，福利费183 600元，车间管理人员工资400 000元。

③本月确认生产甲产品应负担的车间管理部门水电费307 000元，车间生产工人劳保用品费35 000元。

假定除上述资料外，不考虑其他因素。

要求：

（1）根据上述材料，编制金杰公司甲产品的产品成本计算单，见表2-1-1。

表2-1-1　　　　　　　　　　　　**产品成本计算单**

产品名称：甲产品　　　　　　　　　2016年3月　　　　　　　　　　单位：元

摘要	直接材料	直接人工	制造费用	合计
月初在产品成本	2 200 000	180 000	240 000	2 620 000
本月生产费用				
生产费用合计				
完工产品成本				
单位成本				
月末在产品成本				

（2）根据上述材料，编制金杰公司结转完工入库甲产品成本的会计分录。

2.目的：练习品种法的核算。

【资料】金杰公司采用品种法计算产品成本。该公司生产甲、乙两种产品，月末在产品成本只计算原材料价值，不分摊工人工资和其他费用。为生产甲、乙产品所共同发生的间接费用按直接生产工人工资比例分配。2016年6月，月初甲产品的在产品成本为37 500元（均为原材料成本），乙产品无在产品。月末经盘点，甲产品的在产品应负担的原材料成本为10 000元，乙产品全部完工。6月份发生的经济业务如下：

（1）基本生产车间领用原材料80 000元，其中，55 000元用于甲产品生产，25 000元用于乙产品生产。

（2）基本生产车间领用消耗材料、机物料共计1 250元。

（3）计提车间机器设备折旧3 000元，企业管理部门办公设备及建筑物折旧2 000元。

（4）结转6月份的应付工资7 500元，其中，直接生产工人工资5 000元（生产甲产品工人工资3 750元、生产乙产品工人工资1 250元），车间管理人员工资1 000元，企业管理人员工资1 500元。

（5）发生的职工福利费为工资总额的14%。

（6）分配结转本月发生的间接费用。

（7）结转本月完工产品成本。

要求：

（1）根据上述资料，编制有关的会计分录。

（2）计算甲、乙两种产品的生产总成本、完工产品成本以及期末在产品成本，并结转完工产品成本。

3.目的：练习品种法的核算。

【资料】金杰公司生产A、B两种产品，采用品种法计算成本。2016年9月份发生的经济业务如下：

（1）生产领用材料编制的材料费用分配表见表2-1-2。

表2-1-2

材料费用分配表

2016年9月

单位：元

应借账户			直接计入金额	分配计入金额	合计
生产成本	基本生产成本	A产品	240 000	50 000	290 000
		B产品	80 000	30 000	110 000
		小计	320 000	80 000	400 000
制造费用	基本生产车间		7 000		7 000
合计			327 000	80 000	407 000

（2）编制的人工费用分配表见表2-1-3。

表2-1-3　　　　　　　　　　　人工费用分配表

2016年9月　　　　　　　　　　　　　　　金额单位：元

应借账户			直接计入金额	分配计入金额			合计
				生产工时	分配率	分配额	
生产成本	基本生产成本	A产品	17 000	15 000			
		B产品	11 000	5 000			
		小计	28 000	20 000		60 000	
制造费用	基本生产车间		5 000				
合计							

（3）编制的其他费用汇总表见表2-1-4。

表2-1-4　　　　　　　　　其他费用汇总表

2016年9月　　　　　　　　　　　　　　　单位：元

应借账户	办公费	水电费	折旧费	其他	合计
制造费用——基本生产车间	2 000	3 000	12 000	1 000	18 000
合计	2 000	3 000	12 000	1 000	18 000

要求：

（1）完成人工费用分配表（见表2-1-3）。

（2）编制制造费用明细账（见表2-1-5）。

表2-1-5　　　　　　　　　制造费用明细账

单位：元

2016年		摘要	原材料	工资	办公费	水电费	折旧费	其他	合计
月	日								
9	30	材料费用分配表							
	30	人工费用分配表							
	30	其他费用汇总表							
	30	合计							
	30	分配转出							

（3）根据制造费用明细账，采用生产工时比例法编制制造费用分配表（见表2-1-6）。

表 2-1-6　　　　　　　　　　　**制造费用分配表**

2016 年 9 月　　　　　　　　　　　金额单位：元

应借账户	生产工时	分配率	分配额
生产成本——基本生产成本——A 产品			
生产成本——基本生产成本——B 产品			
合计			

（4）A 产品按所耗原材料费用计算在产品成本，原材料在生产开始时一次投入。A 产品本月完工 80 件，在产品 20 件；B 产品本月完工 100 件，在产品 10 件。A 在产品成本按所耗原材料费用计价法、B 在产品成本按固定成本计价法。编制 A、B 产品的产品成本计算单见表 2-1-7 和表 2-1-8。

表 2-1-7　　　　　　　　　　**产品成本计算单**

产品名称：A 产品　　　　　　　2016 年 9 月　　　　　　　单位：元

摘要	直接材料	直接人工	制造费用	合计
月初在产品成本	85 000			85 000
本月生产费用				
生产费用合计				
完工产品成本				
单位成本				
月末在产品成本				

表 2-1-8　　　　　　　　　　**产品成本计算单**

产品名称：B 产品　　　　　　　2016 年 9 月　　　　　　　单位：元

摘要	直接材料	直接人工	制造费用	合计
月初在产品成本	5 000	3 000	2 500	10 500
本月生产费用				
生产费用合计				
完工产品成本				
单位成本				
月末在产品成本				

项目二　　分批法核算

一、单项选择题

1.采用分批法计算产品成本的企业有（　　　）。

A.大量单步骤生产的企业　　　　　　B.按流水线组织生产的企业

C.半成品对外销售的企业　　　　　　D.小批量单件生产的企业

2.下列适用于分批法的企业或车间是（　　　）。

A.大批量单步骤生产的企业　　　　　B.多步骤连续式大批量生产的企业

C.单件小批多步骤生产的企业　　　　D.多步骤装配式大批量生产的企业

3.简化分批法适用的范围不包括（　　　）。

A.同一月份投产的产品批数很多　　　B.月末完工产品的批数较少

C.各月间接费用水平相差不多　　　　D.各月生产费用水平相差不多

4.按照生产工艺过程的特点，企业的生产可以是（　　　）。

A.大量生产　　　　B.简单生产　　　　C.成批生产　　　　D.单件生产

5.甲制药厂正在试制生产某流感疫苗，为了核算此疫苗的试制生产成本，该企业最适合选择的成本计算方法是（　　　）。

A.品种法　　　　　　　　　　　　　B.分步法

C.分批法　　　　　　　　　　　　　D.品种法与分步法相结合

6.对于成本计算的分批法，下列说法正确的是（　　　）。

A.不存在完工产品与在产品之间费用分配问题

B.适用于小批单件、管理上不要求分步骤计算成本的多步骤生产

C.成本计算期与会计报告期一致

D.以上说法全部正确

7.在简化分批法下，累计间接费用分配率（　　　）。

A.只是在各批产品之间分配间接费用的依据

B.只是在各批在产品之间分配间接费用的依据

C.既是在各批产品之间，也是在完工产品与在产品之间分配间接费用的依据

D.只是在完工产品与在产品之间分配间接费用的依据

8.分批法的成本计算对象是（　　　）。

A.产品品种　　　　　　　　　　　　B.产品批别

C.产品类别　　　　　　　　　　　　D.产品生产步骤

9.分批法一般是按客户的订单来组织生产的，所以也称（　　　）。

A.订单法　　　　B.系数法　　　　C.分类法　　　　D.定额法

10.产品成本计算不定期，一般也不存在完工产品与在产品之间费用分配问题

的成本计算方法是（　　）。

    A.平行结转分步法　　　　　　　　B.逐步结转分步法

    C.分批法　　　　　　　　　　　　D.品种法

11.下列方法中，必须设置基本生产成本二级账的是（　　）。

    A.分类法　　　　　B.简化分批法　　　　C.定额法　　　　　D.简化品种法

12.分批法的主要特点是（　　）。

    A.批内产品都同时完工，不存在完工产品与在产品之间分配费用的问题

    B.以产品批别为成本计算对象

    C.费用归集和分配比较简便

    D.定期计算成本

13.某企业采用分批法计算产品成本，该企业将不同日期投产的产品作为不同的批别，分别计算产品成本。6月5日投产甲产品2件，乙产品3件；6月15日投产甲产品4件，丙产品5件；6月25日投产乙产品6件；6月26日投产丙产品3件。该企业6月份应开设产品成本计算单的张数是（　　）。

    A.4张　　　　　　　B.5张　　　　　　　C.6张　　　　　　　D.3张

14.简化分批法适用于（　　）的企业。

    A.投产批数繁多，且未完工批数较多

    B.投产批数繁多，且完工批数较多

    C.投产批数繁多，而未完工批数较少

    D.投产批数较少，而未完工批数较多

15.采用简化分批法计算产品成本，基本生产成本二级账与产品成本计算单无法核对的项目是（　　）。

    A.月末在产品生产工时项目余额

    B.月末在产品直接材料项目余额

    C.完工产品成本合计数

    D.月末在产品间接计入费用项目余额

16.采用简化分批法，在产品完工之前，产品成本计算单（　　）。

    A.只登记直接材料费用

    B.不登记任何费用

    C.只登记直接材料费用和生产工时

    D.登记间接费用，不登记直接费用

17.在简化分批法下，累计间接费用分配率是（　　）。

    A.在各批产品之间分配间接费用的依据

    B.在各批完工产品之间分配间接费用的依据

    C.在完工产品与月末在产品之间分配间接费用的依据

    D.在各批月末在产品之间分配间接费用的依据

18.累计间接计入费用分配率是依据（　　）的有关数据计算的。

A.基本生产成本明细账　　　　　　B.基本生产成本总账

C.基本生产成本二级账　　　　　　D.都不是

19.采用分批法计算产品成本时，如果批内跨月完工产品的数量较多，且月末批内完工产品数量占全部批量的比重较大，则完工产品成本可按（　　）计算。

A.计划单位成本　　　　　　　　　B.约当产量比例分配

C.近期同种产品实际单位成本　　　D.定额单位成本

20.简化分批法与一般分批法的主要区别是（　　）。

A.不分配间接费用　　　　　　　　B.分批计算直接材料成本

C.不分批计算在产品成本　　　　　D.不分批计算完工产品成本

二、多项选择题

1.采用分批法计算产品成本，在批内产品跨月陆续完工不多的情况下，结转完工产品成本的方法可以按（　　）。

A.定额单位成本计算

B.计划单位成本计算

C.近期同种产品实际单位成本计算

D.暂不结转，待全部完工后一并计算

2.分批法适用于（　　）。

A.新产品的试制　　　　　　　　　B.单件生产

C.小批生产　　　　　　　　　　　D.机器设备的大修理

3.采用分批法计算产品成本，作为某一成本计算对象的批别，可以按（　　）方法确定。

A.同一订单中的多种产品　　　　　B.同一订单中同种产品的组成部分

C.不同订单中的同种产品　　　　　D.不同订单中的不同产品

4.分批零件法的成本计算对象包括（　　）。

A.各批主要库存商品　　　　　　　B.各批主要零件

C.全部零件　　　　　　　　　　　D.各批主要部件

5.采用简化分批法，在各批产品成本明细账中，对于没有完工产品的月份，只登记（　　）。

A.生产工时　　　　B.直接材料　　　　C.直接人工　　　　D.制造费用

6.分批零件法适用于（　　）。

A.装配式复杂生产　　　　　　　　B.零件数量不多生产

C.成批生产　　　　　　　　　　　D.大批生产

7.采用简化分批法，必须具备的条件有（　　）。

A.月末未完工产品批数比较多

B.各月份间接计入费用的水平相差不多

C.月末完工产品批数比较多

D.月末完工产品批数比较少

8.在简化分批法下，（   ）。

A.在产品完工之前，产品成本计算单只登记直接材料费用和生产工时

B.在产品完工之前，产品成本计算单既登记直接计入费用，又登记间接计入费用

C.在基本生产成本二级账中，既登记直接计入费用，又登记间接计入费用

D.只在有完工产品的那个月份，才计算完工产品成本

9.下列各种产品成本计算方法中，不适用于单件、小批生产的有（   ）。

A.品种法   B.分批法

C.逐步结转分步法   D.平行结转分步法

10.分批法的最主要特点有（   ）。

A.成本计算期与产品生产周期一致   B.以产品的品种为成本核算对象

C.以产品的批别为成本核算对象   D.成本计算期与财务报告期一致

11.分批法适用于（   ）。

A.小批生产

B.管理上不要求分步计算成本的多步骤生产

C.分批轮番生产同一种产品

D.单件生产

12.采用分批法计算产品成本时，如果批内产品跨月陆续完工的情况不多，完工产品数量占全部批量的比重很小，先完工的产品可以按成本计价从产品成本明细账中转出的有（   ）。

A.按计划单位成本计价

B.按定额单位成本计价

C.按近期相同产品实际单位成本计价

D.按实际单位成本计价

13.简化分批法的适用范围的应用条件有（   ）。

A.同一月份投产的产品批数很多   B.月末完工产品的批数较少

C.各月间接费用水平相差不多   D.各月生产费用水平相差不多

14.采用简化分批法，在产品完工以前，产品成本明细账（   ）。

A.登记直接费用   B.只登记间接费用，不登记直接费用

C.登记生产工时   D.不登记任何费用

15.采用简化分批法，各月（   ）。

A.只计算完工产品成本

B.只对完工产品分配间接费用

37

C.不分配计算在产品成本

D.不在完工产品与在产品之间分配费用

16.采用简化分批法，（　　　）。

A.必须设立基本生产成本二级账

B.在产品完工之前，产品成本明细账只登记原材料费用和生产工时

C.在生产成本二级账中只登记间接费用

D.不分批计算在产品成本

17.在简化分批法下，累计间接费用分配率是（　　　）。

A.在各批产品之间分配间接费用的依据

B.在各批完工产品之间分配间接费用的依据

C.在完工产品与月末在产品之间分配间接费用的依据

D.在各批月末在产品之间分配间接费用的依据

18.采用分批法计算产品成本时，如果批内产品跨月陆续完工的情况较多，完工产品数量占全部批量的比重较大，可以采用（　　　）在完工产品和在产品之间分配费用。

A.约当产量法

B.按近期相同产品实际单位成本计价的方法

C.定额比率法

D.定额成本法

19.采用简化分批法，基本生产成本二级账登记（　　　）。

A.直接费用　　　　　　　　　　B.间接费用

C.生产工时　　　　　　　　　　D.期间费用

20.企业基本生产所发生的各项费用，在记入"生产成本"账户的借方时，对应贷方账户可能有（　　　）。

A."原材料"　　　　　　　　　　B."辅助生产成本"

C."制造费用"　　　　　　　　　D."管理费用"

三、判断题

1.在月末未完工产品批数较多的情况下，不适宜采用简化分批法。　（　　　）

2.在单件小批生产的企业中，按照产品批别计算产品成本，往往也就是按照订单计算产品成本，因此产品成本计算的分批法，也称订单法。　（　　　）

3.采用简化分批法计算产品成本，不必设置基本生产成本二级账。　（　　　）

4.采用分批法计算产品成本时，不存在完工产品与月末在产品之间分配费用的问题。　（　　　）

5.简化分批法就是不分批计算在产品成本的分批法。　（　　　）

6.分批法下的产品批量必须根据购买者的订单确定。　（　　　）

7.为了使同一批产品同时完工，避免跨月陆续完工的情况，减少在完工产品与月末在产品之间分配费用的工作，产品的批量越小越好。 （   ）

8.在简化分批法下，在各批产品成本计算单中，对于没有完工产品的月份，只登记直接材料费用和生产工时。 （   ）

9.采用简化分批法计算产品成本，各批完工产品的间接计入费用是根据完工产品生产工时和累计间接计入费用分配率计算的。 （   ）

10.采用分批零件法计算产品成本时，其成本计算期与生产周期一致，而与会计报告期不一致。 （   ）

11.如果一张订单中只规定一件产品，但其属于大型复杂的产品，价值大且生产周期较长，也可以按照产品的组成部分分批组织生产，计算其成本。 （   ）

12.如果一张订单中规定几种产品，也应合为一批组织生产。 （   ）

13.采用简化分批法，能够准确核算产品的成本。 （   ）

14.在小批单件生产的企业或车间中，如果同一月份投产的产品批数较多，就可以采用简化分批法计算产品成本。 （   ）

15.采用简化分批法，必须设立基本生产成本二级账。 （   ）

16.采用分批法计算产品成本，只有在该批产品全部完工时才计算完工产品成本。 （   ）

17.一定时期的产品总成本和生产费用总额在任何情况下都是不相等的。

（   ）

18.采用累计间接费用，在间接费用水平相差悬殊的情况下，会影响成本计算的正确性。 （   ）

19.采用累计间接费用，适用于当月投产批数较多的情况，采用这种方法简化了费用的分配和登记工作。 （   ）

20.如果一张订单的批量较大，可以把它分为几批组织生产。 （   ）

四、业务题

1.目的：练习产品成本计算的分批法。

【资料】星光工厂采用分批法计算产品成本，原材料在生产开始时一次投入，在产品完工程度为50%。月末采用约当产量法分配完工产品与在产品成本。该厂2016年6月份有关成本资料如下：

（1）6月份各批产品投产及完工情况。

502批号A产品，计划产量40件，投产日期5月25日，完工日期6月25日；

601批号B产品，计划产量20件，投产日期6月1日，6月份完工15件，月末在产品5件；

602批号C产品，计划产量10件，投产日期6月20日，6月份没有完工产品。

（2）6月份期初在产品成本。

502批号A产品期初在产品成本为36 000元，其中，直接材料为31 500元，直接人工为3 600元，制造费用为900元。

（3）本月发生费用。

502批号A产品直接人工18 000元，制造费用9 000元；

601批号B产品直接材料39 000元，直接人工15 050元，制造费用7 350元；

602批号C产品直接材料25 000元，直接人工8 000元，制造费用4 000元。

要求：

（1）采用分批法计算本月完工产品总成本和单位成本，并编制生产成本明细账（见表2-2-1至表2-2-3），以及完工产品成本汇总表（见表2-2-4）。

表2-2-1　　　　　　　　　　　　生产成本明细账

批号：　　　　　　　　　投产日期：　　月　　日　　　　　　投产批量：　　件
产品名称：　　　　　　　完工日期：　　月　　日　　　　　　完工批量：　　件

年		摘要	直接材料	直接人工	制造费用	合计
月	日					
		月初在产品成本				
		本月发生生产费用				
		生产费用合计				
		完工产品总成本				
		完工产品单位成本				

表2-2-2　　　　　　　　　　　　生产成本明细账

批号：　　　　　　　　　投产日期：　　月　　日　　　　　　投产批量：　　件
产品名称：　　　　　　　完工日期：　　月　　日　　　　　　完工批量：　　件

年		摘要	直接材料	直接人工	制造费用	合计
月	日					
		本月发生生产费用				
		生产费用合计				
		费用分配率				
		完工产品总成本				
		完工产品单位成本				
		月末在产品成本				

表2-2-3 **生产成本明细账**

批号： 投产日期： 月 日 投产批量： 件

产品名称： 完工日期： 月 日 完工批量： 件

年		摘要	直接材料	直接人工	制造费用	合计
月	日					
		本月发生生产费用				
		生产费用合计				
		月末在产品成本				

表2-2-4 **完工产品成本汇总表**

年 月 金额单位：元

成本项目	A产品（产量 件）		B产品（产量 件）	
	总成本	单位成本	总成本	单位成本
直接材料				
直接人工				
制造费用				
合计				

（2）编制有关结转完工产品总成本的会计分录。

2.目的：练习产品成本计算的分批法。

【资料】某企业生产甲、乙、丙三种产品，生产组织属于小批生产，采用分批法计算成本。

（1）9月份生产产品批号情况。

1001批号：甲产品10台，本月投产，本月完工6台。

1002批号：乙产品10台，本月投产，本月全部未完工。

1003批号：丙产品20台，上月投产，本月完工5台。

（2）1003批号月初在产品成本：原材料1 200元，工资及福利费1 060元，制造费用2 040元。

（3）本月各批号生产费用。

1001批号：原材料3 360元，工资及福利费2 350元，制造费用2 800元。

1002批号：原材料4 600元，工资及福利费3 050元，制造费用1 980元。

1003批号：原材料2 680元，工资及福利费2 450元，制造费用3 020元。

1001批号甲产品完工数量较大，原材料在生产开始时一次投入，其他费用在完工产品与在产品之间采用约当产量法分配，在产品完工程度为50%。

1002批号乙产品由于全部未完工，本月生产费用全部是在产品成本。

成本会计实务同步训练

1003批号丙产品完工数量少，完工产品按计划成本结转。每台产品计划单位成本：原材料190元，工资及福利费180元，制造费用250元。

要求：根据上述资料，登记各种生产成本明细账（见表2-2-5至表2-2-7），计算各批产品的完工产品成本和月末在产品成本。

表2-2-5　　　　　　　　　　　　生产成本明细账

批号：　　　　　　　　　投产日期：　月　日　　　　　　投产批量：　台
产品名称：　　　　　　　完工日期：　月　日　　　　　　完工批量：　台

年		摘要	直接材料	直接人工	制造费用	合计
月	日					
		本月发生生产费用				
		生产费用合计				
		完工产品成本				
		完工产品单位成本				
		月末在产品成本				

表2-2-6　　　　　　　　　　　　生产成本明细账

批号：　　　　　　　　　投产日期：　月　日　　　　　　投产批量：　台
产品名称：　　　　　　　完工日期：　月　日　　　　　　完工产量：　台

年		摘要	直接材料	直接人工	制造费用	合计
月	日					
		本月发生生产费用				
		生产费用合计				
		月末在产品成本				

表2-2-7　　　　　　　　　　　　生产成本明细账

批号：　　　　　　　　　投产日期：　月　日　　　　　　投产批量：　台
产品名称：　　　　　　　完工日期：　月　日　　　　　　完工批量：　台

年		摘要	直接材料	直接人工	制造费用	合计
月	日					
		月初在产品成本				
		本月发生生产费用				
		生产费用合计				
		完工产品成本				
		完工产品单位成本				
		月末在产品成本				

3.目的：练习产品成本计算简化分批法。

【资料】新益工厂的生产组织属于小批生产，产品批数多，每月月末完工数不多，为简化核算，采用简化分批法计算产品成本。2016年7、8月份有关成本资料如下：

（1）产品批号及完工情况见表2-2-8。

表2-2-8　　　　　　　　　　**产品批号及完工情况**

批号	产品产量	投产日期	完工情况
#701	甲产品12件	7月12日投产	8月15日完工
#702	乙产品8件	7月28日投产	8月30日完工3件
#703	丙产品6件	8月15日投产	尚未完工

（2）各批号各月份发生的原材料费用及生产工时见表2-2-9。

表2-2-9　　　　　　　**各批号各月份发生的原材料费用及生产工时**

批号	原材料	生产工时
#701	7月份原材料12 400元	生产工时1 020小时
	8月份原材料10 600元	生产工时1 780小时
#702	7月份原材料30 800元	生产工时4 140小时
	8月份原材料0元	生产工时5 560小时
#703	8月份原材料25 000元	生产工时1 200小时

注：#702批号的原材料在生产开始时一次投入，其3件完工产品的生产工时为6 800小时。

（3）7月份该厂全部在产品的工资及福利费24 800元，制造费用27 920元。

（4）8月份该厂全部产品的工资及福利费36 850元，制造费用48 800元。

要求：采用简化分批法计算完工产品总成本。

4.目的：练习产品成本计算简化分批法。

【资料】某工业企业的生产组织属于小批生产，产品批数多，采用简化分批法计算产品成本。

（1）9月份投产产品批号及完工情况。

901批号：甲产品10件，9月1日投产，9月25日完工。

902批号：乙产品10件，9月5日投产，月末完工5件。

903批号：丙产品5件，9月15日投产，尚未完工。

904批号：丁产品5件，9月20日投产，尚未完工。

（2）各批号原材料费用（在生产开始时一次投入）和生产工时。

901 批号：原材料 6 120 元，工时 3 250 小时。

902 批号：原材料 3 680 元，工时 750 小时，其中，完工 5 件产品工时 480 小时，在产品 5 件工时 270 小时。

903 批号：原材料 1 360 元，工时 2 840 小时。

904 批号：原材料 1 290 元，工时 2 120 小时。

（3）9 月月末全部产品原材料费用 12 450 元，生产工时 8 960 小时，工资及福利费 3 584 元，制造费用 5 376 元。

要求：根据上述资料，采用简化分批法，登记基本生产成本二级账（见表 2-2-10）和各批产品生产成本明细账（见表 2-2-11 至表 2-2-14），计算完工产品成本。

表 2-2-10　　　　　　　　　　基本生产成本二级账

年		摘要	原材料	生产工时	工资及福利费	制造费用	合计
月	日						
		本月发生费用					
		累计间接费用分配率					
		完工产品转出					
		余额					

表 2-2-11　　　　　　　　　　生产成本明细账

批号：　　　　　　　　　　投产日期：　　月　　日　　　　　　　投产批量：　　件
产品名称：　　　　　　　　完工日期：　　月　　日　　　　　　　完工批量：　　件

年		摘要	原材料	生产工时	工资及福利费	制造费用	合计
月	日						
		本月发生费用					
		累计间接费用分配率					
		完工产品应负担的间接费用					
		完工产品成本					
		单位成本					

表2-2-12　　　　　　　　　　　**生产成本明细账**

批号：　　　　　　　　投产日期：　月　日　　　　　　　投产批量：　件
产品名称：　　　　　　完工日期：　月　日　　　　　　　完工批量：　件

年		摘要	原材料	生产工时	工资及福利费	制造费用	合计
月	日						
		本月发生费用					
		累计间接费用分配率					
		完工产品应负担的间接费用					
		完工产品成本					
		单位成本					
		月末余额					

表2-2-13　　　　　　　　　　　**生产成本明细账**

批号：　　　　　　　　投产日期：　月　日　　　　　　　投产批量：　件
产品名称：　　　　　　完工日期：　月　日　　　　　　　完工批量：　件

年		摘要	原材料	生产工时	工资及福利费	制造费用	合计
月	日						
		本月发生费用					
		月末余额					

表2-2-14　　　　　　　　　　　**生产成本明细账**

批号：　　　　　　　　投产日期：　月　日　　　　　　　投产批量：　件
产品名称：　　　　　　完工日期：　月　日　　　　　　　完工批量：　件

年		摘要	原材料	生产工时	工资及福利费	制造费用	合计
月	日						
		本月发生费用					
		月末余额					

一、单项选择题

1.下列称为计算半成品成本分步法的是（　　　）。

A.计划成本分步法　　　　　　　　B.逐步结转分步法

C.平行结转分步法　　　　　　　　D.实际成本分步法

2.逐步结转分步法主要适用于（　　　）。

A.大量大批连续式多步骤生产企业

B.大量大批装配式多步骤生产企业

C.大量大批单步骤生产企业

D.单件小批单步骤生产企业

3.逐步结转分步法的成本计算对象是（　　　）。

A.产品的品种

B.产品的批别

C.完工产品（产成品）及其所经生产步骤的半成品

D.产品的类别

4.逐步结转分步法下，月末每个步骤需要分配的完工产品是指（　　　）。

A.产成品　　　　　　　　　　　　B.狭义的完工产品

C.最终产品　　　　　　　　　　　D.广义的完工产品

5.（　　　）也称为不计算半成品成本分步法。

A.计划成本分步法　　　　　　　　B.逐步结转分步法

C.平行结转分步法　　　　　　　　D.实际成本分步法

6.（　　　），可简化和加速成本计算的工作。

A.平行结转分步法　　　　　　　　B.逐步结转分步法

C.逐步综合结转分步法　　　　　　D.逐步分项结转分步法

7.（　　　），半成品实物转移而成本不结转。

A.逐步分项结转分步法　　　　　　B.逐步结转分步法

C.逐步综合结转分步法　　　　　　D.平行结转分步法

8.连续式多步骤生产企业采用平行结转分步法，月末每个步骤需要分配的完工产品的含义是指（　　　）。

A.半成品　　　　　　　　　　　　B.狭义的完工产品

C.完工入库的半成品　　　　　　　D.广义的完工产品

9.连续式多步骤生产企业采用平行结转分步法时，月末每个步骤需要分配的在产品含义是指（　　　）。

A.半成品   B.狭义的在产品

C.每个步骤的在制品   D.广义的在产品

10.在逐步结转分步法下，若半成品通过自制半成品库进行收发，则还要增设（   ）明细账。

A.库存商品   B.产成品

C.自制半成品   D.原材料

11.分步法主要适用于（   ）生产组织形式的多步骤生产。

A.大量大批   B.小量小批   C.大量小批   D.单件小批

12.分步法中需要进行成本还原的成本计算方法是（   ）。

A.平行结转分步法   B.逐步结转分步法

C.综合逐步结转分步法   D.分项逐步结转分步法

13.成本还原是将（   ）成本中的"半成品"项目的成本还原为原始成本项目的成本。

A.自制半成品   B.在产品   C.产成品   D.广义在产品

14.采用综合逐步结转分步法时，如果产成品的生产步骤是四步，则应进行成本还原（   ）。

A.2次   B.1次   C.3次   D.4次

15.采用平行结转分步法在月末计算完工产品成本时应（   ）。

A.按成本项目平行结转各生产步骤应计入产成品的份额

B.逐步结转各生产步骤应计入产成品的份额

C.分项结转各生产步骤应计入产成品的份额

D.综合结转各生产步骤应计入产成品的份额

16.采用综合逐步结转分步法时，若半成品入库，应借记（   ）科目。

A."基本生产成本"   B."辅助生产成本"

C."制造费用"   D."自制半成品"

17.（   ）企业必要采用逐步结转分步法。

A.没有自制半成品的

B.有自制半成品对外销售的

C.有自制半成品直接交给下一个生产步骤的

D.不计算各步骤半成品成本的

18.分步法与品种法最主要的区别在于（   ）。

A.成本计算对象不同   B.成本计算期不同

C.成本项目不同   D.以上都对

19.分步法主要适用于（   ）工艺形式的生产。

A.简单生产   B.单步骤生产

C.多步骤生产   D.大量生产

20.分项逐步结转分步法相对于综合逐步结转分步法来说，最大的优点在于（　　　）。

A.不需要进行成本还原　　　　　　　B.有利于各生产步骤的成本管理

C.可简化成本计算工作　　　　　　　D.可进行人员分工

二、多项选择题

1.分步法按是否计算并结转半成品成本分为（　　　）。

A.综合逐步结转分步法　　　　　　　B.逐步结转分步法

C.平行结转分步法　　　　　　　　　D.分项逐步结转分步法

2.逐步结转分步法按照半成品成本转入下一步骤成本明细账中的反映方式不同，可分为（　　　）。

A.综合逐步结转分步法　　　　　　　B.计划成本结转分步法

C.实际成本结转分步法　　　　　　　D.分项逐步结转分步法

3.逐步结转分步法主要适用于（　　　）。

A.半成品对外销售的企业

B.半成品同时为几种完工产品（产成品）消耗的企业

C.实行厂内经济核算的企业

D.半成品不对外销售的企业

4.在逐步结转分步法下，月末每个步骤在完工产品与在产品之间分配的生产费用所包括的内容有（　　　）。

A.上步骤所发生的生产费用

B.该月该步骤的期初生产费用

C.该月该步骤发生的生产费用

D.该月上步骤结转到本步骤的半成品成本

5.平行结转分步法可适用于（　　　）。

A.大量大批装配式多步骤生产企业

B.大量大批连续式多步骤生产企业

C.大量大批单步骤生产企业

D.管理上不要求分步计算的大量大批多步骤生产企业

6.在平行结转分步法下，月末每个步骤在完工产品与在产品之间分配的生产费用所包括的内容有（　　　）。

A.上步骤所发生的生产费用

B.该月该步骤的期初生产费用

C.该月该步骤发生的生产费用

D.该月上步骤结转到本步骤的半成品成本

7.半成品成本的综合结转可以采用下面（　　　）方式结转。

A.实际成本结转　　　　　　　　B.计划成本结转

C.定额成本结转　　　　　　　　D.分项结转

8.在综合逐步结转分步法下，上一生产步骤的半成品综合成本可转入下一生产步骤产品成本明细账的（　　）项目内。

A.直接人工　　　B.制造费用　　　C.直接材料　　　D.半成品

9.在通过自制半成品库收发的综合结转方式下，下一步骤从自制半成品库领用半成品的实际单位成本可按（　　）计算。

A.先进先出法　　　　　　　　B.移动加权平均法

C.全月一次加权平均法　　　　　D.最近入库半成品的单位成本

10.成本还原的常见方法有（　　）。

A.定额成本还原法　　　　　　　B.产品成本项目比重还原法

C.计划成本还原法　　　　　　　D.成本还原率还原法

11.下面关于综合逐步结转分步法，说法正确的是（　　）。

A.有利于各生产步骤的成本管理　B.不利于各生产步骤的成本管理

C.需要进行成本还原　　　　　　D.不需要进行成本还原

12.下面关于分项逐步结转分步法，说法正确的是（　　）。

A.有利于各生产步骤的成本管理　B.不利于各生产步骤的成本管理

C.需要进行成本还原　　　　　　D.不需要进行成本还原

13.在平行结转分步法下，常用的方法有（　　）。

A.不计算在产品成本法　　　　　B.约当产量法

C.定额比例法　　　　　　　　　D.交互分配法

14.下面关于平行结转分步法，说法正确的是（　　）。

A.不计算半成品成本　　　　　　B.半成品实物转移但成本不结转

C.可简化和加速成本计算工作　　D.不需要进行成本还原

15.下面关于逐步结转分步法，说法正确的是（　　）。

A.计算半成品成本　　　　　　　B.半成品实物转移成本也结转

C.可简化和加速成本计算工作　　D.不计算半成品成本

16.逐步结转分步法与平行结转分步法相比较，其区别主要在于（　　）。

A.适用范围不同　　　　　　　　B.半成品成本结转方式不同

C.产成品成本计算方法不同　　　D.提供成本管理资料详略不同

17.连续式多步骤生产企业应用平行结转分步法计算产品成本时，若月末采用约当产量法计算每步骤应计入完工产品（产成品）成本"份额"，在计算某步骤半成品（或产成品）某成本项目单位成本时，其分母由（　　）构成。

A.完工产成品所耗该步骤半成品（或产成品）数量

B.该步骤完工半成品（或产成品）数量

C.该步骤该成本项目月末广义在产品约当产量

D.该步骤该成本项目月末狭义在产品约当产量

18.装配式多步骤生产企业应用平行结转分步法计算产品成本时，若月末采用约当产量法计算每步骤应计入完工产品（产成品）成本"份额"，在计算某步骤半成品（或产成品）某成本项目单位成本时，其分母由（　　　）构成。

A.完工产成品所耗该步骤半成品（或产成品）数量

B.该步骤完工半成品（或产成品）数量

C.该步骤该成本项目月末广义在产品约当产量

D.该步骤该成本项目月末狭义在产品约当产量

19.分步法中能够直接反映产成品成本的原始构成项目的成本计算方法是（　　　）。

A.综合逐步结转分步法　　　　　B.分项逐步结转分步法

C.平行结转分步法　　　　　　　D.逐步结转分步法

20.分步法主要适用于（　　　）企业。

A.造纸　　　　　B.机械制造　　　　　C.冶金　　　　　D.纺织

三、判断题

1.分步法主要适用于大量大批单步骤生产。　　　　　　　　　　（　　）

2.钢铁企业可以分为炼铁、炼钢、轧钢等生产步骤，因此我们应采用品种法来进行核算。　　　　　　　　　　　　　　　　　　　　　　　　　　（　　）

3.逐步结转分步法也称为不计算半成品成本分步法。　　　　　（　　）

4.逐步结转分步法下半成品成本结转但实物不转移。　　　　　（　　）

5.逐步结转分步法下成本计算定期按月进行。　　　　　　　　（　　）

6.逐步结转分步法下，月末每个步骤需要分配的在产品的含义是指广义在产品。　　　　　　　　　　　　　　　　　　　　　　　　　　　　　（　　）

7.逐步结转分步法实际为品种法的多次连续使用。　　　　　　（　　）

8.平行结转分步法的成本计算对象是完工产品（产成品）及其所经生产步骤。　　　　　　　　　　　　　　　　　　　　　　　　　　　　　　（　　）

9.大量大批装配式多步骤生产企业采用平行结转分步法下，月末每个步骤需要分配的在产品含义是指广义的在产品。　　　　　　　　　　　　　（　　）

10.在逐步结转分步法下，若半成品通过自制半成品库进行收发，则还要增设"自制半成品"明细账，下一步骤所耗用的半成品则应从自制半成品库进行领用。　　　　　　　　　　　　　　　　　　　　　　　　　　　　　（　　）

11.要素费用的分配应按照"受益"的原则，在受益的基础上，凡是能够直接计入的应直接计入，不能够直接计入的应分配计入。　　　　　　　　（　　）

12.制造费用应先归集后分配。　　　　　　　　　　　　　　　（　　）

13.成本还原后的产成品的实际总成本与成本还原前的产成品的实际总成本不

一定相等。 （ ）

14.成本还原的对象是产成品成本中的"半成品"综合项目。 （ ）

15.成本还原的步骤应从第一个步骤开始，即按照顺序的方式逐步还原。

（ ）

16.在分项逐步结转分步法下，若半成品通过自制半成品库收发，自制半成品明细账不需要按照成本项目设专栏进行分项反映。 （ ）

17.在综合逐步结转分步法下，若半成品通过自制半成品库收发，自制半成品明细账需要按照成本项目设专栏进行分项反映。 （ ）

18.平行结转分步法实际上就是品种法的多次连续使用。 （ ）

19.不论是综合结转还是分项结转，半成品成本都是随着半成品实物的转移而结转的。 （ ）

20.采用平行结转分步法，不需要进行成本还原。 （ ）

四、业务题

1.目的：练习综合逐步结转分步法。

【资料】某种产品经三个生产步骤，采用综合逐步结转分步法计算成本。假设本月第一步骤转入第二步骤半成品综合成本为2 300元；本月第三步骤发生的加工费用为2 500元，第三步骤月初在产品费用为800元，第三步骤月末在产品费用为600元，第三步骤完工产品的成本为6 800元。

要求：根据以上资料，计算第二步骤转入第三步骤的半成品综合成本为多少？

2.目的：练习综合逐步结转分步法。

【资料】某企业生产甲产品，生产过程分为三个步骤，上一步骤完工的半成品，不通过自制半成品库收发，直接转给下一步骤继续进行加工；各步骤的在产品采用约当产量法按实际成本计算，直接材料在第一步骤生产开始时一次投入，各步骤在产品的完工程度均为50%。该企业有关产量记录和成本资料见表2-3-1和表2-3-2。

表2-3-1　　　　　　　　　　　**产量记录**　　　　　　　　　单位：件

项目	第一步骤	第二步骤	第三步骤
月初在产品数量	8	12	10
本月投产（或上步转来）数量	76	72	76
本月完工数量	72	76	80
月末在产品数量	12	8	6

要求：采用综合逐步结转分步法计算甲产品的生产成本，编制各生产步骤产品成本计算单（见表2-3-3至表2-3-5），并编制完工甲产品成本结转的会计分录。

成本会计实务同步训练

表2-3-2   **成本资料**   单位：元

成本项目	月初在产品成本				本月生产费用			
	第一步骤	第二步骤	第三步骤	合计	第一步骤	第二步骤	第三步骤	合计
直接材料或半成品	64	180	200	444	608			608
直接人工	8	18	40	66	148	222	292	662
制造费用	90	25	50	165	300	135	157.50	592.50
合计	162	223	290	675	1 056	357	449.50	1 862.50

表2-3-3   **第一步骤产品成本计算单**

产品名称：A半成品   ××年×月   金额单位：元

项目	直接材料	直接人工	制造费用	合计
月初在产品成本				
本月发生费用				
生产费用合计				
完工半成品数量（件）				
在产品约当产量（件）				
总约当产量（件）				
费用分配率（元/件）				
完工A半成品成本				
月末在产品成本				

表2-3-4   **第二步骤产品成本计算单**

产品名称：B半成品   ××年×月   金额单位：元

项目	半成品	直接人工	制造费用	合计
月初在产品成本				
本月本步发生费用				
本月上步转入费用				
生产费用合计				
完工半成品数量（件）				
在产品约当产量（件）				
总约当产量（件）				
费用分配率（元/件）				
完工B半成品成本				
月末在产品成本				

表 2-3-5   **第三步骤产品成本计算单**

产品名称：甲产品   ××年×月   金额单位：元

项目	半成品	直接人工	制造费用	合计
月初在产品成本				
本月本步发生费用				
本月上步转入费用				
生产费用合计				
完工产品数量（件）				
在产品约当产量（件）				
总约当产量（件）				
费用分配率（元/件）				
完工甲产成品成本				
月末在产品成本				

3.目的：练习成本还原。

【资料】根据业务题 2 所计算的完工甲产品成本，采用产品成本项目比重还原法进行成本还原。

要求：计算填写甲产品成本还原计算表（见表 2-3-6）。

表 2-3-6   **产成品成本还原计算表**

产品：甲产品   ××年×月   金额单位：元

成本项目	第一步骤 A 半成品		第二步骤 B 半成品		第三步骤产成品			原始成本项目合计
	成本	成本项目比重（%）	成本	成本项目比重（%）	成本	还原成本第二步	再还原成本第一步	
B 半成品								
A 半成品								
直接材料								
直接人工								
制造费用								
合计								

4.目的：练习综合逐步结转分步法。

【资料】某企业 A 产品生产分两个步骤，分别由第一、第二两个生产车间进行。第一车间生产半成品，交自制半成品库验收，第二车间按所需半成品数量向自制半成品库领用；第二车间所耗半成品费用按全月一次加权平均单位成本计算。两个车间月末在产品均按定额成本计价。该企业采用按实际成本综合结转的逐步结转分步法计算A产品成本。第一、第二两个车间月初、月末在产品定额成本资料及本月生产费用资料见产品成本明细账（见表2-3-7和表2-3-9）；自制半成品月初余额、本月第一车间完工半成品交库数量及本月第二车间领用自制半成品数量见自制半成品明细账（见表2-3-8）。

表2-3-7 第一车间产品成本明细账

产品名称：B半成品 单位：元

年		摘要	直接材料	直接人工	制造费用	合计
月	日					
		月初在产品定额成本	6 000	3 800	2 900	12 700
		本月生产费用	30 200	21 500	16 500	68 200
		生产费用合计				
		完工半成品成本				
		月末在产品定额成本	6 300	2 800	1 800	10 900

表2-3-8 自制半成品明细账

半成品名称：B半成品 单位：件、元

月份	月初余额		本月增加		合计			本月减少	
	数量	实际成本	数量	实际成本	数量	实际成本	单位成本	数量	实际成本
4	500	11 000	2 500					2 600	
5		10 800	—	—	—	—	—	—	—

表2-3-9 第二车间产品成本明细账

产品名称：A产品 单位：元

年		摘要	半成品	直接人工	制造费用	合计
月	日					
		月初在产品定额成本	27 600	2 450	2 600	32 650
		本月生产费用		19 600	15 400	
		生产费用合计				
		完工产品成本				
		月末在产品定额成本	13 800	5 250	4 000	23 050

要求：计算填写产品成本明细账和自制半成品明细账。

5.目的：练习分项逐步结转分步法。

【资料】某工厂大量生产甲产品，设有第一、第二、第三三个基本生产车间，甲产品需顺序经过三个车间加工，其中，第一车间生产的产品为甲产品的A半成品，A半成品完工后全部直接交给第二车间继续加工为甲产品的B半成品，B半成品完工后全部交自制半成品库；第三车间从半成品仓库领用B半成品继续加工为甲产品，甲产品完工后全部交产成品仓库。该厂根据实际情况，采用分项逐步结转分步法计算甲产品成本，成本结转方式为半成品按实际成本结转；对经过自制半成品库收发的B半成品增设了"自制半成品——B半成品"明细科目，自制半成品库发出的B半成品成本采用加权平均法计算。该厂对产品成本按直接材料、直接人工、制造费用分设了专栏。生产甲产品的原材料在第一车间生产开始时一次投入，第二、三车间转入或领用的半成品也分别于本车间生产开始时一次投入。企业采用约当产量法分配每步骤的完工产品（半成品）和在产品成本。

该工厂第一车间A半成品、第二车间B半成品、第三车间甲产品月初在产品成本和本月发生的生产费用见表2-3-10，本月各生产车间产量记录见表2-3-11。

表2-3-10　　　　　　　　　　　　　**生产费用资料**

产品名称：甲产品　　　　　　　　　××年×月　　　　　　　　　　单位：元

项目		第一车间（A半成品）	第二车间（B半成品）	第三车间（甲产品）
月初在产品成本		10 000	26 000	47 050
其中：直接材料	本步骤发生	6 000	0	0
	上步骤转入		9 200	21 900
直接人工	本步骤发生	2 500	7 500	8 000
	上步骤转入		4 200	7 300
制造费用	本步骤发生	1 500	3 000	6 750
	上步骤转入		2 100	3 100
本月发生生产费用		80 900	54 600	92 500
其中：直接材料		57 000		
直接人工		16 100	32 800	50 500
制造费用		7 800	21 800	42 000

本月自制半成品库B半成品收发和结存情况为：月初结存50件，总成本为26 800元，其中直接材料15 100元，直接人工6 200元，制造费用5 500元。本月第二车间入库280件，第三车间领用290件。

表2-3-11   **产量记录**

产品名称：甲产品   ×× 年 × 月   单位：件

项目	第一车间 （A半成品）	第二车间 （B半成品）	第三车间 （甲产品）
月初在产品	50	70	60
本月投产或上步骤转入	300	270	290
本月完工转入下步骤或入自制半成品库	270	280	300
月末在产品	80	60	50
月末在产品完工程度	50%	50%	50%

要求：根据以上资料，计算和填写第一车间产品成本计算单（见表2-3-12）、第二车间产品成本计算单（见表2-3-13）、自制半成品明细账（见表2-3-14）、第三车间产品成本计算单（见表2-3-15）；并编制完工B半成品和甲产品成本结转的会计分录。

表2-3-12   **第一车间产品成本计算单**

产品名称：A半成品   ×× 年 × 月   完工程度：50%

完工产品：270件   在产品：80件   金额单位：元

项　目	直接材料	直接人工	制造费用	合计
月初在产品成本				
本月本步骤发生生产费用				
生产费用合计				
本月完工A半成品数量				
月末在产品数量				
月末在产品完工程度（%）				
月末在产品约当产量				
约当总产量				
费用分配率（元/件）				
本月完工A半成品成本				
月末在产品成本				

表 2-3-13　　　　　　　　　　**第二车间产品成本计算单**

产品名称：B 半成品　　　　　　　　　××年×月　　　　　　　　完工程度：50%

完工产品：280件　　　　　　　　在产品：60件　　　　　　　　金额单位：元

项目	直接材料		直接人工		制造费用		合计	
	上步骤转入	本步骤发生	上步骤转入	本步骤发生	上步骤转入	本步骤发生	上步骤转入	本步骤发生
月初在产品成本								
本月本步骤发生生产费用								
本月上步骤转入生产费用								
生产费用合计								
本月完工 B 半成品数量								
月末在产品数量								
月末在产品完工程度（%）								
月末在产品约当产量								
约当总产量								
费用分配率（元/件）								
本月完工 B 半成品成本								
月末在产品成本								

表 2-3-14　　　　　　　　　　**自制半成品明细账**

产品名称：B 半成品　　　　　　　　　××年×月　　　　　　　　金额单位：元

××年		凭证号数	摘要	数量（件）	金额合计	其中		
月	日					直接材料	直接人工	制造费用
		略	月初余额					
			本月入库					
			本月领用					
			月末结存					

表2-3-15　　　　　　　　　第三车间产品成本计算单

产品名称：甲产品　　　　　　　　　　　××年×月　　　　　　　　　　完工程度：50%

完工产品：300件　　　　　　　　在产品：50件　　　　　　　　金额单位：元

项目	直接材料		直接人工		制造费用		合计	
	上步骤转入	本步骤发生	上步骤转入	本步骤发生	上步骤转入	本步骤发生	上步骤转入	本步骤发生
月初在产品成本								
本月本步骤发生生产费用								
本月上步骤转入生产费用								
生产费用合计								
本月完工产品数量								
月末在产品数量								
月末在产品完工程度（%）								
月末在产品约当产量								
约当总产量								
费用分配率（元/件）								
本月完工产品成本								
月末在产品成本								

6.目的：练习平行结转分步法。

【资料】某集团下属的甲公司生产的C产品经过三个车间连续加工制成，第一车间生产A半成品，直接转入第二车间加工制成B半成品，B半成品直接转入第三车间加工成C产成品。其中，1件C产成品耗用1件B半成品，1件B半成品耗用1件A半成品。原材料于第一车间生产开始时一次投入，第二车间和第三车间不再投入材料。各车间月末在产品完工程度均为50%。各车间生产费用在完工产品和在产品之间的分配采用约当产量法。

（1）本月各车间产量资料见表2-3-16。

表2-3-16　　　　　　　　　各车间产量资料表　　　　　　　　　　单位：件

摘要	第一车间	第二车间	第三车间
月初在产品数量	20	50	40
本月投产数量或上步转入	180	160	180
本月完工产品数量	160	180	200
月末在产品数量	40	30	20

（2）各车间月初及本月费用资料见表2-3-17。

表2-3-17 各车间月初及本月费用 单位：元

摘要		直接材料	直接人工	制造费用	合计
第一车间	月初在产品成本	1 000	60	100	1 160
	本月的生产费用	18 400	2 200	2 400	23 000
第二车间	月初在产品成本		200	120	320
	本月的生产费用		3 200	4 800	8 000
第三车间	月初在产品成本		180	160	340
	本月的生产费用		3 450	2 550	6 000

要求：根据以上资料，采用平行结转分步法，按约当产量法计算完工产品成本和在产品成本，并编制结转完工C产品成本的会计分录。各生产步骤约当产量计算表、产品成本计算单和产品成本汇总表，见表2-3-18至表2-3-22。

表2-3-18 各生产步骤约当产量计算表 单位：件

摘要	直接材料	直接人工	制造费用
第一步骤的约当总产量			
第二步骤的约当总产量			
第三步骤的约当总产量			

表2-3-19 第一车间产品成本计算单

产品名称：C产品（A半成品） 金额单位：元

摘要	直接材料	直接人工	制造费用	合计
月初在产品成本				
本月发生费用				
合计				
第一步骤的约当总产量				
分配率				
应计入产成品成本份额				
月末在产品成本				

表2-3-20　　　　　　　　　**第二车间产品成本计算单**

产品名称：C产品（B半成品）　　　　　　　　　　　　　　　金额单位：元

摘要	直接人工	制造费用	合计
月初在产品成本			
本月发生费用			
合计			
第二步骤的约当总产量			
分配率			
应计入产成品成本份额			
月末在产品成本			

表2-3-21　　　　　　　　　**第三车间产品成本计算单**

产品名称：C产品　　　　　　　　　　　　　　　　　　　　金额单位：元

摘要	直接人工	制造费用	合计
月初在产品成本			
本月发生费用			
合计			
第三步骤的约当总产量			
分配率			
应计入产成品成本份额			
月末在产品成本			

表2-3-22　　　　　　　　　**产品成本汇总计算表**

产品名称：C产品　　　　　　　　　　　　　　　　　　　　金额单位：元

项目	数量	直接材料	直接人工	制造费用	总成本	单位成本
第一车间						
第二车间						
第三车间						
合计						

一、单项选择题

1.在产品品种、规格繁多的企业，管理上要求尽快提供成本资料，简化成本计算工作，可采用（　　）计算产品成本。

A.品种法　　　　　B.分类法　　　　　C.分批法　　　　　D.分步法

2.产品成本计算的分类法适用于（　　）。

A.品种、规格繁多的产品

B.可以按照一定的标准分类的产品

C.大量大批生产的产品

D.品种、规格繁多，而且可以按照一定标准分类的产品

3.分类法的特点是（　　）。

A.按照产品类别计算产品成本

B.按照产品品种计算产品成本

C.按照产品类别归集费用、计算成本，同类产品内各种产品的间接计入费用采用一定的分配方法分配确定

D.按照产品类别归集费用、计算成本，同类产品内各种产品的各种费用均采用一定的分配方法分配确定

4.产品品种、规格繁多，而且可以按照一定分类的企业或企业的生产单位，适合采用（　　）计算产品成本。

A.分批法　　　　　B.分类法　　　　　C.分步法　　　　　D.标准成本法

5.分类法的适用范围（　　）。

A.是大量大批单步骤生产　　　　　B.是大量大批多步骤生产

C.是单件小批单步骤生产　　　　　D.与企业生产类型没有直接关系

6.分类法是按照（　　）归集费用、计算成本的。

A.品种　　　　　B.步骤　　　　　C.类别　　　　　D.批别

7.某企业采用分类法计算产品成本，类内三种产品的材料费用定额为：甲产品为 7 000 元，乙产品为 14 000 元，丙产品为 10 000 元，其中甲产品为标准产品，则乙产品的材料费用系数为（　　）。

A.1　　　　　B.1.5　　　　　C.2　　　　　D.0.7

8.某企业将甲、乙两种产品作为一类，采用分类法计算产品成本。甲、乙两种产品共同耗用同一种材料，消耗定额分别为 8 千克和 10 千克，每千克该种材料的单位成本为 10 元。该企业将乙产品作为标准产品，则甲产品的原材料费用系数为（　　）。

A.0.8   B.1.25   C.1.8   D.2.25

9.分类法中直接影响成本计算相对正确性的因素是（   ）。

A.产品的生产规模   B.产品的生产特点

C.产品的分类和分配标准   D.产品的生产周期

10.分类法下，在计算同类产品内不同产品的成本时，对于类内产品发生的各项费用（   ）。

A.只有间接费用才需分配计入各种产品成本

B.只有直接费用才需直接计入各种产品成本

C.直接生产费用直接计入各种产品，间接生产费用分配计入各种产品成本

D.无论直接计入费用，还是间接计入费用，都需要采用一定的方法分配计入各种产品成本

11.联产品是指（   ）。

A.一种原材料加工出来的几种主要产品

B.一种原材料加工出来的主要产品和副产品

C.不同原材料加工出来的不同产品

D.一种原材料加工出来的不同质量产品

12.下列不属于联产品的计算方法的有（   ）。

A.实物量分配法   B.系数分配法

C.销售价值分配法   D.固定成本法

13.对于副产品的计价，一般可以从总成本的（   ）项目中扣除。

A.制造费用   B.直接材料   C.直接人工   D.废品损失

14.在副产品加工处理所需时间不长、费用不大的情况下，副产品也可以（   ）。

A.按固定成本计价

B.不计价

C.按计划成本计价

D.以销售价格扣除销售税金、销售费用后的余额计价

15.企业在生产主要产品的过程中，附带生产出的一些非主要产品称为（   ）。

A.等级产品   B.联产品   C.副产品   D.次品

16.由于（   ）原因产生的等级产品不能采用分类法计算成本。

A.人工操作失误   B.工艺技术上的要求不同

C.所耗原材料的质量不同   D.产品的内部结构不同

17.采用分类法计算产品成本，其计算结果具有一定的（   ）。

A.准确性   B.可靠性   C.假定性   D.模糊性

18.采用分类法的目的是（   ）。

A.以产品类别为成本计算对象计算产品成本

B.简化各类产品的成本计算工作

C.准确计算各种产品的成本

D.简化产品成本计算工作

19.以下对等级产品的说法错误的是（　　　）。

A.等级产品与联产品、副产品是不同的

B.等级产品的性质和用途是一致的

C.等级产品品种相同，主要是质量有差别

D.等级产品的销售价格没有区别

20.因为设计原因产生的等级产品，可将各种等级产品视作（　　　），计算其成本。

A.副产品　　　　　　B.主产品　　　　　　C.合格品　　　　　　D.联产品

二、多项选择题

1.下列产品中，可以采用分类法计算成本的有（　　　）。

A.等级产品　　　　　　　　　　B.联产品

C.主产品和副产品　　　　　　　D.零星产品

2.分类法的适用范围有（　　　）。

A.可将产品划分为一定类别的企业或企业的生产单位

B.企业联产品成本的计算

C.企业副产品成本的计算

D.企业各品种成本的计算

3.采用分类法的目的在于（　　　）。

A.分类计算产品成本　　　　　　B.简化成本计算工作

C.准确计算各种产品的成本　　　D.提供各类产品的成本水平信息

4.下列产品中可以采用分类法核算的有（　　　）。

A.木材加工厂生产出的不同规格的板材

B.食品厂生产的各种面包和饼干

C.卷烟厂生产的甲级卷烟和乙级卷烟

D.炼油厂同时生产出的汽油、柴油

5.类别产品的成本在类别内各种产品之间分配时，常用的分配标准有（　　　）。

A.定额消耗量　　　　B.重量　　　　　　C.定额费用　　　　　D.体积

6.下列关于分类法中"系数"的说法中正确的有（　　　）。

A.标准产品的系数定为"1"

B.单位产品系数 $= \dfrac{标准产品的分配标准}{该种产品的分配标准}$

C.系数一经确定，在一定时期内应稳定不变

D.系数是指各种规格产品之间的比例关系

7.在分类法中常用的分配方法有 （   ）。

A.重量分配法　　　　B.体积分配法　　　　C.系数分配法　　　　D.定额比例法

8.下列属于分类法的特点有 （   ）。

A.按照产品的类别归集生产费用，计算该类产品成本

B.类内不同品种（或规格）产品的成本按照一定的分配方法分配确定

C.只是成本计算的辅助方法，必须与成本计算的某种基本方法结合使用

D.采用分类法能够独立计算出产品的成本

9.在系数法下，被选定作为标准产品的产品，应具备（   ）条件。

A.规格适中　　　　B.成本较高　　　　C.产量较大　　　　D.生产较稳定

10.下列产品中，可以采用分类法核算的有 （   ）。

A.灯泡厂同一类别不同瓦数的灯泡

B.无线电元件厂同一类别不同规格的无线电元件

C.炼油厂同时生产出的汽油、柴油

D.机床厂各车间同时生产的车床、刨床、铣床

11.系数法是 （   ）。

A.简化的费用分配方法的一种

B.一种成本计算的基本方法

C.一种间接计入费用分配法

D.一种类内分配计算各种产品原材料费用的方法

12.分类法的优缺点是 （   ）。

A.可以简化成本计算工作　　　　　　B.计算结果有一定假定性

C.提供各类产品的成本信息　　　　　D.便于对各类产品成本进行考核和分析

13.以下产品中属于联产品的是 （   ）。

A.炼油厂在提炼原油过程中，产生的渣油、石焦油

B.原油经过提炼，生产出的各种汽油、煤油和柴油

C.奶制品厂用牛奶同时加工出的奶粉、奶油等主要产品

D.卷烟厂生产出的甲类卷烟和乙类卷烟

14.联产品成本的分配方法主要有 （   ）。

A.实物量分配法　　　　　　　　　B.销售价值分配法

C.系数分配法　　　　　　　　　　D.固定成本法

15.下列产品可以视作联产品，采用分类法计算产品成本的有 （   ）。

A.残次品

B.因设计要求采用原材料的质量不同形成的等级品

C.因设计要求采用不同的加工工艺而形成的等级产品

D.因管理不善产生的不合格品

16.联产品的生产特点是 （   ）。

A.由同一生产过程进行生产

B.使用同一种原材料加工

C.有的是主要产品，有的是非主要产品

D.各产品生产成本相同

17.下列计价方法中，属于副产品计价方法的有（　　　　）。

A.副产品按分离后的成本计价

B.副产品不计价

C.副产品按销售价格扣除销售税金、销售费用后的余额计价

D.副产品按固定成本计价

18.可以按分类法的成本计算原理计算产品成本的等级品是（　　　　）。

A.由于违规操作造成的等级品

B.由于自然原因造成的等级品

C.由于原材料质量原因造成的等级品

D.由于生产管理不当造成的等级品

19.以下说法正确的有（　　　　）。

A.副产品、联产品之间产品的性质、用途不同

B.等级产品的性质和用途是一致的

C.因为设计原因产生的等级产品可视作联产品计算各产品成本

D.因为管理原因造成的等级产品应采用实际产量比例法计算各产品成本

20.运用分类法应该注意的问题有（　　　　）。

A.合理划分产品类别

B.各类类距必须适当

C.合理确定类内产品费用的分配标准

D.类别产品的成本在类内产品之间分配时，各项目成本必须按同一个分配标准进行分配

三、判断题

1.分类法是产品成本计算的基本方法。　　　　　　　　　　　　　　（　　　）

2.只要产品品种、规格繁多，就可以采用分类法计算产品成本。　　（　　　）

3.分类法是一种独立的成本计算方法，在计算产品成本时不适用品种法的企业可以采用分类法。　　　　　　　　　　　　　　　　　　　　　　（　　　）

4.分类法与生产类型没有直接关系，可以在各种生产类型的生产企业中运用。

（　　　）

5.类别产品的成本在类别内各种产品之间分配时，各项目成本可以按同一个分配标准进行分配。　　　　　　　　　　　　　　　　　　　　　　（　　　）

6.钢铁企业的生产特点为多步骤生产，应采用分步法计算各种型号的钢材成

本，而不应该采用分类法计算。　　　　　　　　　　　　　　　　（　　）

7.类别产品的成本在类别内各种产品之间分配时，可以根据各成本项目的性质，分别确定不同的分配标准进行分配。　　　　　　　　　　　　　（　　）

8.应用系数法计算分配同类产品内各种产品成本时，产品的各项生产费用均按同一系数比例进行分配。　　　　　　　　　　　　　　　　　　　（　　）

9.副产品与主产品分离以后，如果加工时间不长，所花费用不大，副产品成本可以按计划单位成本计算。　　　　　　　　　　　　　　　　　　（　　）

10.分类法在选择分配标准时，要选择与成本水平高低有密切联系的分配标准进行分配。　　　　　　　　　　　　　　　　　　　　　　　　　（　　）

11.标准产量分配法也称系数分配法，它根据各种联产品实际产量，按系数将其折算为标准产量来分配联合成本的一种方法。　　　　　　　　　　（　　）

12.联产品分离后所发生的后续加工费用需要按照一定的分配方法在联产品之间进行分配。　　　　　　　　　　　　　　　　　　　　　　　　（　　）

13.副产品不是企业的主要产品，其经济价值较低，可以不用计算其成本。
　　　　　　　　　　　　　　　　　　　　　　　　　　　　　　（　　）

14.等级产品必须采用分类法计算成本。　　　　　　　　　　　　（　　）

15.因为设计原因产生的等级产品由于质量有高低之分，销售价格有所不同，可以采用分类法计算不同等级的产品成本。　　　　　　　　　　　　（　　）

16.在生产过程中由于管理不当、操作失误造成的等级产品，可以按照销售价值分配法分配联合成本。　　　　　　　　　　　　　　　　　　　　（　　）

17.系数法中的系数一经确定，应相对稳定，不应随意变更。　　（　　）

18.等级产品是指使用相同的原材料、在同一生产过程中生产出来的品种相同，但质量有差别的产品。　　　　　　　　　　　　　　　　　　　（　　）

19.运用分类法计算产品成本时，产品类距应该尽量定得过大，这样，可以简化核算工作。　　　　　　　　　　　　　　　　　　　　　　　　（　　）

20.如果等级产品仅仅是由于生产管理不当、操作失误造成的，则这些质量等级不同的产品的单位成本应该是相同的。　　　　　　　　　　　　　（　　）

四、业务题

1.目的：练习产品成本计算的分类法——系数法。

【资料】某厂生产甲、乙、丙三种产品所耗用的原材料和生产工艺过程相同，属于企业A类产品，采用分类法计算产品成本。类内各种产品之间分配费用的标准为：原材料费用按各种产品的原材料费用系数分配，原材料费用系数按原材料费用定额确定；直接人工和制造费用按定额工时比例分配。确定丙产品为标准产品，相关定额资料以及甲、乙、丙三种产成品的产量见表2-4-1。

表2-4-1　　　　　　　　　　**直接材料费用系数和定额工时**

产品类别：A类产品　　　　　　　　2016年10月

项目	本月实际产量(件)	单位产品直接材料费用			直接材料费用系数	单位产品工时定额
		消耗定额(千克)	计划单价(元)	费用定额		
产成品甲	200	9	5			22
产成品乙	400	15	8			30
产成品丙	800	10	10			26

　　该类产品的定额管理基础工作比较好，消耗定额比较准确、稳定，A类产品月末在产品按定额成本计价。2016年10月A类在产品月初、月末的定额成本以及当月发生的生产费用见表2-4-2。

表2-4-2　　　　　　　　　　**A类产品生产成本明细账**

产品类别：A类产品　　　　　　　　2016年10月　　　　　　　　单位：元

年		摘　要	直接材料	直接人工	制造费用	合　计
月	日					
		月初在产品成本	40 000	65 000	52 000	157 000
		本月生产费用	110 600	320 000	152 000	582 600
		生产费用合计				
		完工产品总成本				
		月末在产品成本	45 110	79 960	70 080	195 150

要求：

（1）编制直接材料费用系数表，确定甲、乙、丙三种产品的直接材料费用系数；

（2）编制A类产品生产成本明细账，计算A类完工产品成本；

（3）计算费用分配率，将A类完工产品各项成本费用在甲、乙、丙三种产品之间分配；

（4）编制产品成本计算单（见表2-4-3），计算甲、乙、丙三种产品的成本。

表2-4-3　　　　　　　　　　**类内各种产品成本计算单**

产品类别：A类产品　　　　　　　　2016年10月　　　　　　　　金额单位：元

项　目	产量(件)	直接材料费用系数	直接材料费用总系数	单位产品工时定额	定额工时总额(小时)	直接材料	直接人工	制造费用	合计
费用分配率					77				
产成品甲									
产成品乙									
产成品丙									
合计									

2.目的：练习联产品的成本计算方法。

【资料】假设某企业用相同的原材料在同一生产过程中同时生产出甲产品、乙半成品、丙产品三种具有同等地位的主要产品。这些联产品归为A类。采用产品售价作为分配标准分配联合成本，以甲产品为标准产品，其系数为1。甲、丙产品分离后可直接销售，乙半成品作为生产丁产品的一种原材料，分离后需进一步投料加工为丁产品才能对外销售。有关联产品的产量、单价以及成本资料见表2-4-4和表2-4-5。

表2-4-4　　　　　　　　　　　　　　联产品的产量和单价

产品名称	产量(千克)	单位售价(元/千克)	系　数
甲产品	6 000	12	
乙半成品	4 000	24	
丙产品	3 000	15	

备注：乙半成品本无售价，其售价系丁产品售价扣除可归属成本倒推而得。

表2-4-5　　　　　　　　　　　　联产品的成本资料　　　　　　　　　金额单位：元

项目	直接材料	直接人工	制造费用	合　计
分离前的A类产品联合成本	95 850	38 340	57 510	
各成本项目占总成本的比重	50%	20%	30%	
分离后乙半成品的可归属成本	5 203	2 405	3 302	

要求：根据资料编制A类产品成本计算单以及丁产品成本汇总计算表（见表2-4-6和表2-4-7）。

表2-4-6　　　　　　　　　A类产品（联产品）成本分配计算表　　　　　金额单位：元

产品名称	产量(千克)	单位售价(元/千克)	系数	总系数(标准产量)	联合成本	分配率	分配到的联合成本	单位成本
甲产品	6 000	12						
乙半成品	4 000	24						
丙产品	3 000	15						
合计								

表2-4-7　　　　　　　　　　　丁产品成本汇总计算表　　　　　　　　金额单位：元

成本项目	分配到的联合成本		可归属成本	总成本
	比重	金额		
直接材料				
直接人工				
制造费用				
合　计				

一、单项选择题

1.在脱离定额差异的核算中，与制造费用脱离定额差异核算方法相同的是（　　）。

A.计时工资制度下的生产工人工资

B.自制半成品

C.原材料

D.计件工资制度下的生产工人工资

2.定额法中的定额成本与成本计划中的计划成本之间的关系是（　　）。

A.两者是同义词

B.两者毫无关系

C.前者是根据现行定额计算的成本，后者是根据计划期内平均定额计算的成本

D.前者是根据计划期内平均定额计算的成本，后者是根据现行定额计算的成本

3.材料定额成本应该等于（　　）乘以单位产品材料消耗定额，再乘以计划单价。

A.月初在产品数量　　　　　　　　B.本月投入产品数量

C.本月完工产品数量　　　　　　　D.本月完工产品数量

4.定额法产品成本的计算是以产品的（　　）为基础进行的。

A.计划成本　　　B.预测成本　　　C.固定成本　　　D.定额成本

5.用盘存法计算原材料定额消耗量时，根据"本期投产数量=本期完工产品数量+期末在产品数量−期初在产品数量"公式计算本期的投产产品数量时，如果原材料随着生产进度连续投入，在产品需耗用原材料，则公式的期初和期末在产品数量应按原材料消耗定额计算的期初和期末在产品的（　　）计算。

A.实际消耗量　　　B.实际产量　　　C.约当产量　　　D.计划产量

6.计算月初在产品的定额变动差异，是为了（　　）。

A.调整月初在产品的定额成本　　　B.调整本月发生的定额成本

C.正确计算本月累计定额成本　　　D.正确计算本月产成品定额成本

7.定额法的主要缺点是（　　）。

A.只适用于大批量生产的机械制造企业

B.较其他成本计算方法核算工作量大

C.不能合理简便地解决完工产品与在产品之间的费用分配问题

D.不便于成本分析工作

8.工时定额是指（　　）。

A.单位产量的工时标准

B.一定时期完成产品按定额计算所耗用的工时

C.一定时期完成产品所耗用的实际工时

D.单位工时的产量标准

9.如果本月定额提高，则月初在产品定额成本应该（　　）。

A.加上定额变动差异　　　　　　　　B.不变

C.减去定额变动差异　　　　　　　　D.不一定

10.定额法下，产品实际成本最完整的表达式是（　　）。

A.产品实际成本=定额成本±定额变动差异

B.产品实际成本=定额成本+定额变动差异±脱离定额成本差异

C.产品实际成本=定额成本±定额变动差异±脱离定额成本差异±材料成本差异

D.产品实际成本=定额成本±定额变动差异±脱离定额成本差异±材料成本差异± 人工成本差异±制造费用差异

11.采用定额法计算产品成本，企业的材料核算应当按照（　　）进行。

A.实际成本　　　B.计划成本　　　C.定额成本　　　D.混合成本

12.产品成本计算的定额法在适用范围上（　　）。

A.与生产类型直接相关　　　　　　　B.适用于小批生产

C.适用于大量生产　　　　　　　　　D.与生产类型无关

13.定额法是以预先制定的产品定额成本为标准，根据定额成本和（　　）计算产品成本的一种方法。

A.定额差异额　　　B.定额变动额　　　C.定额差异率　　　D.定额变动率

14.下列定额法的表述不正确的是（　　）。

A.定额法并非一种基本的成本计算方法

B.采用定额法计算的产品实际成本为产品定额成本加减各种差异

C.定额成本是以上期消耗定额为根据计算的产品成本

D.定额法有利于加强企业日常成本控制和管理

15.某企业甲产品的一些零件从5月1日起修订原材料消耗定额，每件产品旧的原材料费用定额为100元，新的原材料费用定额为95元。则甲产品定额变动系数为（　　）。

A.0.95　　　　　　B.1.0526315　　　　C.0.05　　　　　　D.0.0526315

16.定额法的目的是（　　）。

A.计算产品的实际成本　　　　　　　B.简化计算工作

C.计算产品的定额成本　　　　　　　D.加强成本的定额管理与控制

17.在完工产品成本中，如果月初在产品定额变动差异是负数，则说明（　　）。

A.本月定额降低了　　　　　　　　　B.本月定额提高了

C.本月定额管理不力　　　　　　　　D.本月定额管理较好

18.采用定额法计算产品成本，生产费用和产品成本脱离定额差异，在（　　）。

A.费用发生的当时得到反映

B.月末通过实际资料与定额资料的对比得到反映

C.年末通过实际资料与定额资料的对比得到反映

D.完工产品成本结转时得到反映

19.盘存法下，原材料脱离定额差异的计算中，材料定额耗用额等于（　　　）乘以单位消耗定额。

A.盘存单上提供的本期实际耗用材料的零部件数量

B.核算期内完工零件产量

C.该期发料凭证上规定生产的零部件数量

D.期末未完工零部件数量

20.采用代用材料而引起的脱离定额差异，通常由（　　　）。

A.计划部门计算、审批　　　　　　　B.技术部门计算、审批

C.生产部门计算、审批　　　　　　　D.会计部门计算、审批

二、多项选择题

1.采用定额法计算产品成本，应具备的条件有（　　　）。

A.定额管理制度比较健全　　　　　　B.定额管理工作基础比较好

C.产品生产已经定性　　　　　　　　D.消耗定额比较准确、稳定

2.计算和分析的脱离定额成本差异主要包括（　　　）。

A.材料费用脱离定额差异　　　　　　B.直接人工费用脱离定额差异

C.制造费用脱离定额差异　　　　　　D.管理费用脱离定额差异

3.原材料脱离定额差异的计算方法有（　　　）。

A.限额法　　　　　B.整批分割法　　　　C.定期盘存法　　　　D.年限法

4.定额法的主要特点是（　　　）。

A.对产品成本进行事前控制

B.有利于产品成本定期分析

C.对生产费用脱离定额或计划的差异进行日常核算、分析和控制

D.将产品成本的定额工作、核算工作和分析工作有机地结合起来，将事前、事中、事后反映和监督融为一体

5.采用定额法时，决定产品实际成本的因素包括（　　　）。

A.定额成本　　　　B.脱离定额差异　　　C.材料成本差异　　　D.定额变动差异

6.下列可作为差异凭证的有（　　　）。

A.加盖专用戳记的普通领料单　　　　B.以不同颜色表示的普通领料单

C.退料单　　　　　　　　　　　　　D.材料切割核算单

7.与企业生产类型没有直接联系的成本计算方法有（　　　）。

A.分类法　　　　　B.分步法　　　　　C.定额法　　　　　D.品种法

8.制定产品的消耗定额、费用定额和定额成本的作用是（　　　）。

A.对生产耗费、生产费用进行事中控制的依据

B.月末计算产品实际成本的基础

C.进行产品成本时候分析和考核的标准

D.降低成本的目标

9.对于定额变动差异的处理，下列正确的方法是（　　　）。

A.消耗定额降低，应从月初在产品定额成本中扣除

B.消耗定额降低，应从月初在产品定额成本中加上

C.消耗定额提高，应从月初在产品定额成本中加上

D.消耗定额提高，应从月初在产品定额成本中扣除

10.产品的定额成本与计划成本相同之处在于（　　　）。

A.二者都是以产品生产耗费的消耗定额和计划价格为依据确定的目标成本

B.二者的制定过程，都是对产品成本进行事前反映和监督、实行事前控制的过程

C.二者都在计划期内通常不变

D.二者都是企业自行制定的成本

11.定额法核算成本，必须按照产品品种和类别分项目设置生产费用明细账，可以核算产品的（　　　）。

A.定额成本　　　　B.实际成本　　　　C.定额变动差异　　　D.脱离定额差异

12.分配计算完工产品和月末在产品费用时，采用在产品按定额成本计价法所应具备的条件是（　　　）。

A.各月末在产品数量变化较大　　　　B.产品的消耗定额比较稳定

C.各月末在产品数量变化较小　　　　D.产品的消耗定额比较准确

13.产品成本计算的辅助方法包括（　　　）。

A.品种法　　　　B.分类法　　　　C.分批法　　　　D.定额法

14.下列公式中，正确的有（　　　）。

A.单位产品定额成本=原材料费用定额+生产工资费用定额+制造费用定额

B.原材料费用定额=产品原材料消耗定额×原材料计划单价

C.生产工资费用定额=产品生产工时定额×计划小时工资率

D.制造费用定额=产品实际生产工时×计划小时制造费用率

15.对于不能采用切割法核算的材料，可通过定期盘存的方法来核算材料定额差异，计算的时间可以是（　　　）。

A.每天　　　　B.每旬　　　　C.每月　　　　D.每周

16.根据下列会计分录：

借：生产成本——基本生产成本——甲产品（定额成本）　　　20 000

　　贷：生产成本——基本生产成本——甲产品（脱离定额差异）　　　4 000

　　　　应付职工薪酬——工资　　　　　　　　　　　　　　　　16 000

可判断下列情况成立的包括（　　　　）。

  A.该企业甲产品的直接人工脱离定额差异为节约差4 000元

  B.该企业甲产品的直接人工脱离定额差异为超支差4 000元

  C.该企业甲产品的直接人工定额成本为20 000元

  D.该企业生产甲产品的工人工资为16 000元

17.产品定额成本的制定程序包括（　　　　）。

  A.在零、部件不多的情况下，可以先编制单位零件定额成本表，再汇总编制单位部件定额成本表（又称部件定额卡），最后汇总编制单位产成品定额成本表

  B.在零、部件较多的情况下，可先编制单位部件定额成本表，再汇总编制单位产成品定额成本表

  C.在零、部件极多的情况下，可直接编制单位产成品定额成本表

  D.在零、部件不多的情况下，可直接编制单位产成品定额成本表

18.限额法下领用材料耗用量的节约差异可根据（　　　　）填列。

  A.生产任务完成后，"限额领料单"中的材料剩余数量

  B."限额领料单"上填列的经批准后增加产量而追加的超额领料数量

  C.生产任务完成后，在"退料单"中所列的材料数量

  D."限额领料单"上填列的代用材料数量

19.限额法下领用材料的定额耗用量可根据（　　　　）填列。

  A.生产任务完成后，"限额领料单"中的材料剩余数量

  B."限额领料单"上填列的经批准后增加产量而追加的超额领料数量

  C.不同颜色的普通"限额领料单"上超过限额的领用原材料数量

  D."限额领料单"上填列的代用材料数量

20.下列计算生产工人的计时定额工资及其相关脱离定额差异的公式中，哪些是正确的（　　　　）。

  A.某产品工资脱离定额差异=该产品实际生产工人工资-（该产品实际产量×单位产品定额工资）

  B.直接人工定额费用=计件数量×计件单价

  C.某产品工资脱离定额差异=（该产品实际产量的生产工时×实际小时工资率）-（该产品实际产量的定额生产工时×计划小时工资率）

  D.计划小时工资率=某车间计划产量的定额生产工人工资总额÷某车间计划产量的定额生产工时总数

三、判断题

1.制定和修订定额，只是为了进行成本审核，与成本计算没有关系。（　　　　）

2.如果消耗定额变动表现为下降趋势，那么月初在产品成本，扣除大于新定额部分，并将此差异作为定额变动差异，加入当月生产费用，以保持月初在产品定额

成本总额不变。 （　　）

3.只有大量大批生产的企业才能使用定额法计算产品成本。 （　　）

4.为了及时核算用料脱离定额差异，有效地控制用料，用料差异核算期越短越好。 （　　）

5.定额法是为了简化成本计算而采用的一种成本计算方法。 （　　）

6.单位产品的定额成本就是单位产品的计划成本。 （　　）

7.采用定额法，原材料的日常核算按计划成本或实际成本计价进行。 （　　）

8.在定额法下，退料单是一种差异凭证。 （　　）

9.产品的定额成本是由会计部门制定的。 （　　）

10.定额法中的材料整批分割法不是定期进行切割核算的，而盘存法应该定期进行。 （　　）

11.直接材料脱离定额差异包括材料耗用量的差异和材料价格差异。 （　　）

12.采用限额法计算原材料脱离定额差异，差异凭证可用普通领料单代替。 （　　）

13.定额成本包括的成本项目和计算方法应该与计划成本、实际成本包括的成本项目和计算方法一致。 （　　）

14.符合定额的费用和脱离定额的差异，通过编制定额凭证予以反映。 （　　）

15.定额法是将事前、事中、事后反映和监督融为一体的一种产品成本计算方法和成本管理制度。 （　　）

16.在生产过程中，企业实际发生的费用与定额费用的差异是定额变动差异。 （　　）

17.定额变动差异是指由于修订定额或生产耗费的计划价格而产生的新旧定额之间的差额。 （　　）

18.在计件工资制度下，生产工人工资属于间接计入费用，其脱离定额差异的计算与原材料脱离定额差异的计算相类似。 （　　）

19.原材料的定额费用是原材料的定额消耗量与其计划单位成本的乘积。 （　　）

20.定额法定额的修订一般在每个会计期间的初期进行。 （　　）

四、业务题

1.目的：练习产品成本计算的定额法。

【资料】甲产品采用定额法计算成本。本月份有关甲产品原材料费用的资料如下：

（1）月初在产品原材料的定额费用为2 000元，月初在产品原材料的脱离定额差异为超支50元，月初在产品原材料的定额费用调整为降低30元。原材料的定额变动差异全部由完工产品负担。

（2）本月原材料的定额费用为 22 000 元，本月原材料的脱离定额差异为节约 600 元。脱离定额差异，按定额费用比例在完工产品和月末在产品之间分配。

（3）本月原材料的材料成本差异率为节约 1%，材料成本差异全部由完工产品负担。

（4）本月完工产品原材料的定额费用为 20 500 元。

要求：

（1）计算月末在产品的原材料定额费用；

（2）计算完工产品和月末在产品的原材料实际费用。

2.目的：练习产品成本计算的定额法。

【资料】甲产品采用定额法计算成本。本月份有关甲产品原材料费用的资料如下：

（1）月初在产品原材料的定额费用为 5 000 元，月初在产品原材料的脱离定额差异为节约 145 元，月初在产品原材料的定额费用调整为降低 100 元。原材料的定额变动差异全部由完工产品负担。

（2）本月原材料的定额费用为 100 000 元，本月原材料的脱离定额差异为节约 5 100 元。脱离定额差异，按定额费用比例在完工产品和月末在产品之间分配。

（3）本月原材料的材料成本差异率为超支 1%，材料成本差异全部由完工产品负担。

（4）本月完工产品的产量 500 件。上月月末甲产品单位成本的原材料费用定额为 220 元，定额变动系数为 0.9。

要求：

（1）计算月末完工产品原材料的定额费用；

（2）计算月末在产品原材料的定额费用；

（3）计算本月原材料的脱离定额差异分配率；

（4）计算本月完工产品应分担的材料成本差异；

（5）计算本月完工产品和月末在产品成本原材料的实际费用。

3.目的：练习产品成本计算的定额法。

【资料】某公司 A 产品月末在产品 100 件，每件在产品定额原材料成本为 80 元，在产品定额工时为 500 小时，每小时各项费用的计划分配率为燃料及动力 4 元，工资 5 元，制造费用 3 元。

要求：计算月末在产品定额成本。

4.目的：练习产品成本计算的定额法。

【资料】某企业生产甲产品，本月期初在产品 60 台，本月完工产量 500 台，期末在产品数量 120 台，原材料系开工时一次投入，单位产品材料消耗定额为 10 千克，材料计划单价为 4 元/千克。本月材料限额领料凭证登记数量为 5 600 千克，材料超限额领料凭证登记数量为 400 千克，期初车间有余料 100 千克，期末车间盘存余料为300千克。

要求：计算本月产品的原材料脱离定额差异。

5.目的：练习产品成本计算的定额法。

【资料】某企业生产甲产品，单位产品的工时定额为4小时，本月实际完工产品产量为1 500件。月末在产品数量为200件，完工程度为80%；月初在产品数量为100件，完工程度为60%。每计划工时人工费用为3元，实际的生产工时为6 200小时，每实际工时人工费为3.1元。

要求：计算甲产品人工费用脱离定额差异。

6.目的：练习产品成本计算的定额法。

【资料】大江有限责任公司生产甲产品。该公司定额管理制度比较健全、稳定，为此，采用定额法计算产品成本。2016年5月，甲产品成本计算的有关资料见表2-5-1至表2-5-4。

表2-5-1 产品定额成本

产品名称：甲产品　　　　　　　　2016年5月　　　　　　　　金额单位：元

材料编号及名称	计量单位	材料消耗定量	计划单价	材料费用定额
A材料	千克	25	10	250

工时定额	直接人工		制造费用		产品定额成本合计
	小时薪酬率	金额	小时费用率	金额	
25	3	75	2.50	62.50	387.50

表2-5-2 月初在产品定额成本和脱离定额差异

产品名称：甲产品　　　　　　　　2016年5月　　　　　　　　单位：元

成本项目	定额成本	脱离定额差异
直接材料	2 500	−50
直接人工	375	+25
制造费用	362.50	+12.50
合计	3 237.50	−12.50

表2-5-3 产品投产情况

产品名称：甲产品　　　　　　　　2016年5月　　　　　　　　单位：件

月初在产品	本月投产	本月完工	月末在产品
5	50	40	15

注：月初、月末在产品完工程度均为50%。

表 2-5-4　　　　　　　　　　　　**生产费用发生情况**

产品名称：甲产品　　　　　　　　2016 年 5 月　　　　　　　　金额单位：元

投入定额工时(小时)	实际领用材料			实际工人薪酬	实际制造费用
	数量(千克)	计划成本	材料成本差异率		
2 250	2 400	24 000	+2%	6 975	5 400

材料在生产开始时一次投入。由于工艺技术的改进，于 2016 年 5 月 1 日起对材料消耗定额进行修订，修订后材料费用定量为 23.75 千克。

要求：

（1）计算本月定额成本和脱离定额差异；

（2）计算材料成本差异；

（3）计算月初在产品定额变动差异；

（4）编制生产费用分配的记账凭证；

（5）编制产品成本计算单（见表 2-5-5），采用定额法计算完工产品和月末在产品的实际成本；

表 2-5-5　　　　　　　　　　**产品成本计算单**　　　　　　　金额单位：元

成本项目		直接材料	直接人工	制造费用	合计
月初在产品成本	定额成本				
	脱离定额差异				
月初在产品定额变动	定额成本调整				
	定额变动差异				
本月生产费用	定额成本				
	脱离定额差异				
	材料成本差异				
生产费用累计	定额成本				
	脱离定额差异				
	材料成本差异				
	定额变动差异				
差异分配率（%）	脱离定额差异				
	材料成本差异				
	定额变动差异				
本月完工产品成本	定额成本				
	脱离定额差异				
	材料成本差异				
	定额变动差异				
	小计				
月末在产品成本	定额成本				
	脱离定额差异				
	材料成本差异				
	定额变动差异				
	小计				

（6）编制结转完工产品成本的会计分录。

第三部分

成本报表编制与分析同步练习

项目一	成本报表编制

一、单项选择题

1.根据现行有关制度规定，成本报表属于（   ）。

A.内部报表

B.外部报表

C.是内部报表还是外部报表，由企业自行规定

D.统计报表

2.分析成本报表，应从（   ）开始。

A.单位产品实际成本完成情况的总评价

B.全部产品成本计划完成情况的总评价

C.全部产品实际成本完成情况的总评价

D.单位产品成本计划完成情况的总评价

3.可比产品成本降低率是指（   ）指标与可比产品按上年实际平均单位成本计算的总成本的比率。

A.可比产品成本降低额　　　　　　　B.可比产品单位成本降低额

C.可比产品本年累计实际总成本　　　D.可比产品上年累计实际总成本

4.下列各项中，产品成本报表包括（   ）。

A.单位产品成本表　　　　　　　　　B.基本报表

C.可比产品报表　　　　　　　　　　D.不可比产品报表

5.影响可比产品成本降低率的因素是（   ）。

A.产品产量　　　　　　　　　　　　B.产品单位成本

C.产品的种类和规格　　　　　　　　D.产品数量

6.在进行产品成本计划完成情况分析时，要注意（   ）。

A.成本核算资料的真实性　　　　　　B.成本计划本身的差异率

C.成本核算的客观性　　　　　　　　D.成本计划本身的差异额

7.下列各项中，属于成本管理专题报表主要包括（   ）。

A.责任成本表　　　B.任务成本表　　　C.绩效成本表　　　D.业务成本表

8.成本报表的编制必须达到（　　　）。

A.内容完整　　　　B.统一格式　　　　C.按时报送　　　　D.客观公正

9.在产品品种结构和单位成本不变的情况下，产品产量的增减，只影响产品成本降低额的增减，（　　　）成本降低率。

A.会局部影响　　　B.会全面影响　　　C.会短期影响　　　D.不会影响

10.影响可比产品成本降低任务完成情况的因素是（　　　）。

A.产品产量变动　　B.产品质量变动　　C.产品结构变动　　D.产品动态变动

11.通过成本指标在不同时期（或不同情况）的数据的对比，来提示成本变动及其原因的一种方法是（　　　）。

A.比较分析法　　　B.趋势分析法　　　C.比率分析法　　　D.因素分析法

12.下列各项中，不属于工业企业编制的费用报表的是（　　　）。

A.生产费用明细表　　　　　　　　　　B.制造费用明细表

C.期间费用明细表　　　　　　　　　　D.材料费用明细表

二、多项选择题

1.工业企业的成本费用报表包括（　　　）。

A.财务费用明细表　　　　　　　　　　B.计件工资明细表

C.制造费用明细表　　　　　　　　　　D.产品生产成本报表

2.产值成本率不是产品总成本与（　　　）指标的比率。

A.产品产值　　　B.产品价值　　　C.总产值　　　D.净产值

3.成本报表提供的实际产品成本和费用支出资料，可以满足（　　　）。

A.国家宏观调控的需要　　　　　　　　B.企业内部的需要

C.主管企业的上级机构的需要　　　　　D.财政部门的需要

4.下列各项中，影响可比产品成本降低计划完成情况的因素有（　　　）。

A.产品产量　　　B.产品品种构成　　　C.产品单位成本　　　D.本年计划总成本

5.成本报表提供的（　　　），主要是满足企业、车间和部门加强日常成本、费用管理的需要。

A.实际产品成本　　B.费用支出资料　　C.计划产品成本　　　D.费用预算的资料

6.不可比产品是指企业（　　　）。

A.本年度初次生产的新产品　　　　　　B.以前仅属于试制过的产品

C.曾经正式生产过的产品　　　　　　　D.计划试制的产品

7.成本报表常用的分析方法有（　　　）。

A.比较分析法　　　B.趋势分析法　　　C.比率分析法　　　D.因素分析法

8.下列各项中，不会影响产品成本降低计划完成情况的因素包括（　　　）。

A.本年计划总成本　　　　　　　　　　B.上年实际总成本

C.产品成本构成　　　　　　　　　　D.产品单位成本

9.下列各项中，影响材料单位成本变动的因素有（　　　）。

A.材料的买价　　　　　　　　　　　B.材料的运费

C.运输途中的合理损耗　　　　　　　D.材料入库前的相关费用

10.成本分析报告的主要内容包括（　　　）。

A.概括情况　　　　B.总结成绩　　　　C.分析问题　　　　D.提出建议

11.下列各项中，按其相互关系能够影响产品材料费用总额变动因素的有（　　　）。

A.材料单价　　　　　　　　　　　　B.材料成本降低额

C.材料成本上升额　　　　　　　　　D.单位产品材料消耗量

12.主要产品成本报表反映的指标有（　　　）。

A.历史先进成本　　　B.上年实际平均　　　C.本年计划　　　D.本月实际

三、判断题

1.可比产品是指企业本年度初次生产的新产品，或虽非初次生产，但以前仅属试制而未正式投产的产品，缺乏可比的成本资料。　　　　　　　　　　　　　　（　　　）

2.不可比产品成本降低额是指可比产品累计实际总成本比按上年实际平均单位成本计算的累计总成本降低额，超支额用负数表示。　　　　　　　　　　　　　（　　　）

3.成本报表只能定期编制。　　　　　　　　　　　　　　　　　　　　　（　　　）

4.主要产品单位成本报表的填列方法及编制，包括补充资料中的各技术经济指标，分别根据企业上年和本年统计、会计资料计算填列。　　　　　　　　　　（　　　）

5.相互联系地研究生产技术、工艺、生产组织和经营管理等方面的情况，查明各种因素变动的原因，挖掘降低产品成本、节约费用开支的潜力，是成本、费用报表分析的一般程序。　　　　　　　　　　　　　　　　　　　　　　　　　　　（　　　）

6.单一产品成本降低率的变动，不受产品结构变动的影响。　　　　　（　　　）

7.在产品品种结构和单位成本不变的情况下，产品产量的增减，只影响产品成本降低额的增减，不会影响成本降低率的变化。　　　　　　　　　　　　　（　　　）

8.因为各种产品成本降低率不同，所以当产品产量不是同比例增长时，就会导致降低额和降低率同时发生变动。　　　　　　　　　　　　　　　　　　　（　　　）

9.产品单位成本的变动与成本降低额和降低率的变动呈反方向。　　　（　　　）

10.对直接材料的超支，企业应进一步分析成本变动是因主观因素还是客观因素影响导致的。　　　　　　　　　　　　　　　　　　　　　　　　　　　　（　　　）

11.通过本期实际指标与前期实际指标的比较，不能分析成本费用的变动趋势。　　　　　　　　　　　　　　　　　　　　　　　　　　　　　　　　　（　　　）

12.对占比较大以及增减变化较大的费用进行重点分析，找出费用增减变化的原因，制定行之有效的控制成本费用的措施，真正做好成本预测和成本管理。

四、业务题

1.目的：练习产品成本计划完成情况分析。

【资料】晓晓公司2016年12月的产品生产成本表见表3-1-1。本年实现的按现行价格计算的商品产值为200万元。

表3-1-1　　　　　　　　　**产品成本资料汇总表**

编制单位：晓晓公司　　　　　　2016年12月　　　　　　金额单位：元

产品名称		可比产品		不可比产品
		甲	乙	丙
产量（件）	本年计划	1 138	1 438	118
	本月实际	118	148	10
	本年累计	1 198	1 498	118
单位生产成本	上年实际	238	478	
	本年计划	233	458	598
	本月实际	218	463	588
	本年累计	214	466	594

要求：

（1）计算和填列产品成本报表（见表3-1-2）中总成本各栏数字；

表3-1-2　　　　　　　　　**产品生产成本表（按产品种类反映）**

编制单位：晓晓公司　　　　　　2016年12月　　　　　　金额单位：元

产品名称	计量单位	实际产量		单位成本				本月总成本			本年累计总成本		
		本月实际产量	本年累计实际产量	上年实际平均	本年计划	本月实际	本年累计实际平均	按上年实际平均单位成本计算	按本年计划单位成本计算	本月实际	按上年实际平均单位成本计算	按本年计划单位成本计算	本年实际
		1	2	3	4	5=9÷1	6	7=1×3	8=1×4	9	10=2×3	11=2×4	12=2×6
可比产品	—	—	—	—	—	—	—						
其中：甲产品	件	118	1 198	238	233	218	214						
乙产品	件	148	1 498	478	458	463	466						
不可比产品	—												
其中：丙产品	件	10	118		598	588	594						
全部产品成本总额	—	—	—	—	—	—	—						

（2）计算可比产品成本计划降低额；

（3）计算可比产品成本实际降低额；

（4）计算可比产品成本计划降低率；

（5）计算可比产品成本实际降低率；

81

（6）每百元产值成本率（计划）；

（7）每百元产值成本率（实际）。

2.目的：练习产品成本的对比分析

【资料】某企业本年度各种产品计划成本和实际成本资料见表3-1-3。

表3-1-3 　　　　　　　　　　　　　成本对比分析表　　　　　　　　　　　　金额单位：元

项 目	本年计划成本	本年实际成本	成本差异额	成本差异率
A产品	1 000 000	980 000		
B产品	2 500 000	2 600 000		
C产品	3 800 000	4 000 000		
合 计				

要求：根据上述资料，采用比较分析法，分析各种产品的成本差异额和成本差异率并将计算结果填入表中。

项目二　成本报表分析

一、单项选择题

1.（　　）是通过计算和对比经济指标的比率，进行数量分析的分析方法。

A.因素分析法　　　B.差额分析法　　　C.比率分析法　　　D.比较分析法

2.下列各项中，不属于相关指标比率的是（　　）。

A.产值比率　　　B.原材料费用比率　C.销售成本率　　　D.成本利润率

3.差额计算法，是（　　）的一种简化形式。

A.比率分析法　　　B.比较分析法　　　C.连环替代法　　　D.因素分析法

4.比较分析法是指通过指标对比，从（　　）的一种分析方法。

A.金额上确定差异　　　　　　　B.单价上确定差异

C.质量上确定差异　　　　　　　D.数量上确定差异

5.下列各项中，属于常用的相关成本比率分析指标的是（　　）。

A.主营业务成本率　　　　　　　B.成本降低额

C.成本降低率　　　　　　　　　D.主要业务成本率

6.成本报表是服务于企业内部经营管理目的的报表，它（　　）。

A.受外界的影响　　　　　　　　B.不受外界的影响

C.有时受、有时不受外界因素的影响　D.与外界因素有关系

7.制造费用明细表是反映企业在报告期内所发生的全部制造费用和各明细项目数额的报表。该表应按制造费用项目分别反映各项费用的（　　）。

A.本年计划数　　　　　　　　　B.上年计划数

C.本季累计计划数　　　　　　　D.本年累计计划数

8.下列各项中，属于狭义的成本分析的是（　　）。

A.事前成本分析　　B.事中成本分析　　C.事后成本分析　　D.实际成本分析

9.因为各种产品成本降低率不同，所以当产品产量不是同比例增长时，就会导致（　　）和降低率同时发生变动。

A.控制额　　　B.控制率　　　C.降低率　　　D.降低额

10.趋势分析法是根据企业连续几个时期或几年的资料，利用指数或（　　）的计算，确定分析期内各有关项目的变动情况和趋势的一种成本分析方法。

A.完成率　　　B.完成额　　　C.预期率　　　D.预期额

11.商品产品成本报表可以考核（　　）。

A.全部商品成本和各种主要商品产品成本计划的执行情况

B.制造费用、管理费用计划的执行情况

C.主要产品单位成本计划的执行结果

D.主要产品技术经济指标执行情况

12.采用连环替代法,可以揭示(　　　)。

A.产生差异的因素和各因素的影响程度　　B.产生差异的因素

C.各因素的影响程度　　　　　　　　　　D.实际数与计划数之间的差异

二、多项选择题

1.下列各项中,不属于通过指标对比,从数量上确定差异的分析方法的有(　　　)。

A.比较分析法　　　B.连环替代法　　　C.差额计算法　　　D.比率分析法

2.连环替代法不是用来计算几个相互联系的因素对综合经济指标变动(　　　)的一种分析方法。

A.影响　　　　　　B.影响程度　　　　C.影响情况　　　　D.不同影响

3.将不同时期同类指标的数值对比求出比率,进行动态比较,据以分析各项指标的增减变动和变动趋势的分析法不包括(　　　)。

A.动态比率分析法　　　　　　　　　B.构成比率分析法

C.相关指标比率分析法　　　　　　　D.比较分析法

4.下列各项中,不适用于同质指标的数量对比的有(　　　)。

A.比较分析法　　　B.比率分析法　　　C.连环替代法　　　D.差额计算法

5.运用连环替代法时,不需要正确确定各因素的(　　　)。

A.排列顺序　　　　B.价值大小　　　　C.详细程度　　　　D.重要程度

6.比较分析法是指通过指标对比、从数量上确定差异的一种方法,其通常采用的形式有(　　　)。

A.以两个性质不同但相关的指标对比

B.以不同时期指标的数值对比

C.以成本的实际指标与成本计划或定额指标对比

D.以本期实际成本指标与前期的实际成本指标对比

7.下列各项中,常用的比率分析法有(　　　)。

A.相关指标比率分析法　　　　　　　B.结构指标比率分析法

C.趋势比率分析法　　　　　　　　　D.实际指标比率分析法

8.通过成本费用报表的分析,可以揭示(　　　)的原因,从生产技术、生产组织和经营管理等各个方面,提高企业生产耗费的经济效益。

A.影响产品成本指标　　　　　　　　B.费用项目变动的因素

C.挖掘节约费用支出　　　　　　　　D.降低产品成本的潜力

9.下列各项中,属于成本报表分析的基本方法的有(　　　)。

A.比较分析法　　　B.趋势分析法　　　C.比率分析法　　　D.因素分析法

10.在对制造费用进行分析时,应按各组成项目分别进行分析,分析时还应注意（　　　　）。

A.重点费用项目的分析　　　　　　B.分析费用项目的构成比例

C.分别对固定费用与变动费用进行分析　D.不能只检查费用总额计划的执行情况

11.产品成本报表主要有（　　　　）

A.商品产品成本报表　　　　　　　B.主要产品成本报表

C.制造费用明细表　　　　　　　　D.利润表

12.影响可比产品成本降低率的主要因素有（　　　　）

A.产品产量　　　B.产品品种比重　　C.产品单位成本　　D.产品价格

三、判断题

1.比较分析法是指通过计算和对比经济指标的比率，进行数量分析的一种方法。（　　　）

2.成本分析是采用一定的方法分析成本变动的原因、经营管理潜在的问题，以及业绩升降的管理活动。（　　　）

3.连环替代法是用来计算几个相互联系的因素对综合经济指标变动影响程度的一种分析方法。（　　　）

4.先确定各因素实际数量与计划数量之间的差异，然后按照各因素的排列顺序，依次求出各因素变动的影响程度是连环替代法的一种简化形式。（　　　）

5.在分析成本指标实际脱离计划差异的过程中，应将影响成本指标变动的各种因素进行分类，衡量它们的影响程度，并从这些因素的相互关系中找出起决定作用的主要因素。（　　　）

6.成本分析方法是完成成本分析的重要手段，成本分析的方法较多，企业应根据成本分析对象的特点，以及对成本分析的目的选择适合的成本分析方法。（　　　）

7.连环替代法是用来计算几个相互联系的因素对综合经济指标变动的影响的一种分析方法。（　　　）

8.相关指标比率分析法是指计算两个性质不同但又相关的指标的比率进行数量分析的方法。（　　　）

9.趋势分析法是根据企业连续几个时期或几年的资料，利用指数或完成率的计算，确定分析期内各有关项目的变动情况和趋势的一种成本分析方法。（　　　）

10.比率分析法是比较分析法的一种表现形式，因素分析法是比较分析法的延伸。（　　　）

11.在成本报表分析中运用差额分析法，分析各因素变化对其差异的影响指标。（　　　）

12.因素分析法需要考虑因素的排列顺序。（　　　）

四、业务题

1.目的：练习连环替代法的运用。

85

【资料】晓晓公司的材料费用总额、产品产量、单位产品材料消耗量和材料单价的计划指标与实际指标的资料见表3-2-1。

表3-2-1　　　　　　　　　材料费用分析资料表

项　目	计划数	实际数
产品产量（件）	125	155
单位产品材料消耗量（千克）	6	4
材料单价（元）	4	5
材料费用总额（元）	3 000	3 100

要求：采用连环替代法，计算分析各因素变动对材料费用总额变动的影响程度。

2.目的：练习差额计算法的运用。

【资料】晓晓公司的材料费用总额、产品产量、单位产品材料消耗量和材料单价的计划指标与实际指标的资料见表3-2-2。

表3-2-2　　　　　　　　　材料费用分析资料表

项目	计划数	实际数
产品产量（件）	110	130
单位产品材料消耗量（千克）	5	4
材料单价（元）	3	5

要求：采用差额计算法，计算分析各因素变动对差异的影响程度。

3.目的：练习制造费用计划任务的完成和执行情况。

【资料】制造费用本年计划、本年实际资料见表3-2-3。

表3-2-3　　　　　　　　　制造费用明细表　　　　　　　　　　　单位：元

费用项目	本年计划	本年实际	实际与计划的差异额
职工薪酬	73 700	72 500	
办公费	10 060	10 000	
折旧费	29 700	29 700	
修理费	9 200	9 000	
租赁费	19 700	19 700	
机物料消耗	13 200	12 000	
低值易耗品摊销	800	780	
水电费	14 700	14 000	
劳动保护用品费	10 800	10 600	
差旅费	2 200	2 100	
运输费	5 200	5 080	
保险费	2 000	2 080	
图纸资料费	1 500	1 300	
其他	700	800	
合计	193 460	189 640	

要求：

（1）计算实际与计划的差异额；

（2）简述本年度降低制造费用任务完成情况。

第一部分

成本会计实务基础知识同步练习

项目一 成本会计实务基础工作

一、单项选择题

1.D 2.C 3.D 4.C 5.A 6.B 7.A 8.A 9.D 10.A 11.B 12.C 13.C 14.B 15.D 16.C 17.B 18.A 19.B 20.C

二、多项选择题

1.ABC 2.ABCD 3.ABCD 4.ACD 5.BCD 6.ABCD 7.AD 8.ABCD 9.ABCD 10.ABC 11.ABCD 12.ABCD 13.CD 14.ABCD 15.BCD 16.ABCD 17.ABC 18.AC 19.AC 20.BC

三、判断题

1.√ 2.√ 3.× 4.√ 5.√ 6.× 7.√ 8.√ 9.× 10.√ 11.× 12.× 13.√ 14.× 15.√ 16.× 17.√ 18.× 19.× 20.√

项目二 产品成本核算基本要求及基本程序

一、单项选择题

1.A 2.A 3.B 4.C 5.D 6.A 7.B 8.C 9.A 10.C 11.C 12.D 13.A 14.D 15.C 16.A 17.B 18.D 19.B 20.C

二、多项选择题

1.ABCD 2.ABCD 3.ABCD 4.ABCD 5.ABC 6.BCD 7.ABCD 8.ABCD 9.AC 10.BC 11.AB 12.BC 13.AD 14.CD 15.ABD 16.ABCD 17.ABC 18.ACD 19.BCD 20.AC

三、判断题

1.√ 2.× 3.× 4.× 5.√ 6.√ 7.× 8.× 9.√ 10.× 11.× 12.× 13.× 14.√ 15.× 16.× 17.× 18.× 19.× 20.√

四、业务题

1.

耗费、支出项目表

耗费、支出项目	资本性支出	收益性支出	福利性支出	营业外支出	所得税支出	利润分配性支出
生产领用原材料 5 000 元		√				
购买一项专利权 50 000 元	√					
张华报销医药费 2 000 元			√			
罚款支出 2 000 元				√		
缴纳所得税 5 000 元					√	
支付股东刘明红利 30 000 元						√
购买固定资产 200 000 元	√					
支付生产人员工资 5 000 元		√				
刘红报销差旅费 3 000 元		√				
支付短期借款利息 5 000 元		√				
支付广告费 3 000 元		√				
生产车间报销办公费 3 000 元		√				

2.

耗费、支出项目表

耗费、支出项目	产品成本或期间费用						非产品成本或非期间费用
	5 月份					6月份	
	甲产品成本	乙产品成本	管理费用	销售费用	财务费用		
1.5 月份仓库发出原材料 10 000 元，其中：甲产品 5 000 元，乙产品 4 000 元，行政管理部门 1 000 元	5 000	4 000	1 000				
2.5 月份新购置机器设备支出 200 000 元							200 000
3.支付 5 月份和 6 月份的行政办公楼租金各 3 000 元，共 6 000 元			3 000			3 000	
4.支付 5 月份和 6 月份的短期借款利息各 1 000 元，共 2 000 元					1 000	1 000	
5.5 月份存货发生火灾损失 1 000 元							1 000
6.5 月月末分配电费 8 000 元，其中：甲产品 4 000 元，乙产品 2 000 元，厂部 2 000 元	4 000	2 000	2 000				
7.分配 5 月份职工薪酬 20 000 元，其中：甲产品 6 000 元，乙产品 4 000 元，行政管理部门 5 000 元，专设销售机构 3 000 元，在建工程 2 000 元	6 000	4 000	5 000	3 000			2 000
8.计提 5 月份固定资产折旧 8 000 元，其中：甲产品设备折旧 4 000 元，乙产品设备折旧 2 000 元，厂部固定资产折旧 2 000 元	4 000	2 000	2 000				
合计	19 000	12 000	13 000	3 000	1 000	4 000	203 000

3.该会计账务处理不正确。用银行存款购进的固定资产50 000元，属于资本性支出，应计入固定资产成本，若把这项支出全部作为本月的管理费用，则会造成该企业月末虚减利润。

4.本月完工甲产品成本=4 000+6 000-2 000=8 000（元）

5.该服装企业属于单件小批多步骤生产类型。因该服装企业是按订单小批量生产，而且三道工序都由同一个车间完成，管理上可不分步骤核算，故应选择分批法进行成本核算比较合适。

6.该公司属于大量大批装配式多步骤生产类型。因该公司是大量生产，而且分别由三个不同车间共同完成，管理上可能要求分步骤核算，故应选择分步法进行成本核算比较合适。

项目三 成本会计实务核算基本原理

一、单项选择题

1.C 2.D 3.D 4.D 5.C 6.D 7.B 8.A 9.A 10.A 11.C 12.B 13.B 14.D 15.C 16.B 17.A 18.C 19.B 20.C

二、多项选择题

1.BCD 2.ABCD 3.BD 4.ACD 5.BCD 6.BCD 7.BCD 8.AD 9.BC 10.CD 11.ACD 12.ABC 13.ABC 14.ABCD 15.BCD 16.BCD 17.ABC 18.AB 19.BCD 20.AC

三、判断题

1.× 2.× 3.√ 4.× 5.× 6.√ 7.√ 8.√ 9.× 10.× 11.√ 12.√ 13.× 14.√ 15.√ 16.× 17.√ 18.× 19.√ 20.×

四、业务题

1.A产品原材料定额消耗量=25×60=1 500（千克）

B产品原材料定额消耗量=40×40=1 600（千克）

C产品原材料定额消耗量=50×10=500（千克）

材料消耗量分配率=3 672÷（1 500+1 600+500）=1.02

A产品应分配的原材料费用=1 500×1.02=1 530（元）

B产品应分配的原材料费用=1 600×1.02=1 632（元）

C产品应分配的原材料费用=500×1.02=510（元）

借：生产成本——基本生产成本——A产品　　　　　　　1 530
　　　　　　——基本生产成本——B产品　　　　　　　1 632
　　　　　　——基本生产成本——C产品　　　　　　　　510
　　贷：原材料——甲材料　　　　　　　　　　　　　　　3 672

2.（1）借：制造费用——办公费　　　　　　　　　　　200
　　　　　管理费用——办公费　　　　　　　　　　　250

$\qquad$贷：库存现金 $\qquad$ 450

（2）借：制造费用——水电费 $\qquad$ 700

$\qquad$管理费用——水电费 $\qquad$ 300

$\qquad$贷：银行存款 $\qquad$ 1 000

（3）借：制造费用——材料 $\qquad$ 5 500

$\qquad$管理费用——材料 $\qquad$ 500

$\qquad$贷：原材料——材料 $\qquad$ 6 000

（4）借：制造费用——工资 $\qquad$ 2 500

$\qquad$管理费用——工资 $\qquad$ 1 500

$\qquad$贷：应付职工薪酬——工资 $\qquad$ 4 000

（5）借：制造费用——修理费 $\qquad$ 3 000

$\qquad$管理费用——修理费 $\qquad$ 1 000

$\qquad$贷：银行存款 $\qquad$ 4 000

（6）借：制造费用——折旧费 $\qquad$ 7 000

$\qquad$管理费用——折旧费 $\qquad$ 5 000

$\qquad$贷：累计折旧 $\qquad$ 12 000

（7）本月制造费用合计=200+700+5 500+2 500+3 000+7 000=18 900（元）

总工时=10 000+5 000=15 000（小时）

平均每小时分配制造费用=18 900÷15 000=1.26（元/小时）

A产品分配制造费用=1.26×10 000=12 600（元）

B产品分配制造费用=1.26×5 000=6 300（元）

结转成本，编制会计分录如下：

借：生产成本——基本生产成本——A产品 $\qquad$ 12 600

$\qquad$——基本生产成本——B产品 $\qquad$ 6 300

$\qquad$贷：制造费用——办公费 $\qquad$ 200

$\qquad$——水电费 $\qquad$ 700

$\qquad$——材料 $\qquad$ 5 500

$\qquad$——工资 $\qquad$ 2 500

$\qquad$——修理费 $\qquad$ 3 000

$\qquad$——折旧费 $\qquad$ 7 000

3.（1）交互分配前的分配率：

修理车间分配率=19 000÷20 000=0.95（元/小时）

运输部门分配率=20 000÷40 000=0.50（元/千米）

（2）交互分配：

运输部门应分配的修理费=1 000×0.95=950（元）

修理车间应分配的运输费=1 500×0.50=750（元）

（3）交互分配后的实际费用（对外分配数额）：

修理车间分配后的费用=19 000+750−950=18 800（元）

运输部门分配后的费用=20 000+950−750=20 200（元）

（4）交互分配后的分配率（对外分配率）：

修理车间分配率=18 800÷19 000=0.98947

运输部门分配率=20 200÷38 500=0.52468

（5）对外分配（尾数四舍五入）：

基本生产车间：

修理费=16 000×0.98947=15 831.52（元）

运输费=30 000×0.52468=15 740.40（元）

行政管理部门：

修理费=18 800−15 831.52=2 968.48（元）

运输费=20 200−15 740.40=4 459.60（元）

注：尾差倒挤计入管理费用。

（6）账务处理如下：

交互分配时：

借：生产成本——辅助生产成本——修理车间 750
　　　　　　——辅助生产成本——运输部门 950

　贷：生产成本——辅助生产成本——运输部门 750
　　　　　　——辅助生产成本——修理车间 950

对外分配时：

借：制造费用——基本生产车间（15 831.52+15 740.40） 31 571.92
　　管理费用 7 428.08

　贷：生产成本——辅助生产成本——修理车间 18 800
　　　　　　——辅助生产成本——运输部门 20 200

4.（1）计划成本分配数额：

修理车间计划成本分配额=20 000×2=40 000（元）

运输部门计划成本分配额=40 000×1.2=48 000（元）

（2）辅助生产实际成本：

修理车间实际成本=35 000+3 500×1.2=39 200（元）

运输部门实际成本=46 000+3 000×2=52 000（元）

（3）辅助生产成本差异：

修理车间成本差异=39 200−40 000=−800（元）（节约）

运输部门成本差异=52 000−48 000=+4 000（元）（超支）

（4）账务处理如下：

借：生产成本——辅助生产成本——修理车间 4 200
　　　　　　——辅助生产成本——运输部门 6 000

借：制造费用——基本生产车间 68 000

管理费用 9 800

贷：生产成本——辅助生产成本——运输部门 48 000

——辅助生产成本——修理车间 40 000

借：管理费用 3 200

贷：生产成本——辅助生产成本——修理车间 800

——辅助生产成本——运输部门 4 000

5. （1）借：制造费用 1 300

贷：银行存款 1 300

（2）借：制造费用 4 000

贷：应付职工薪酬 4 000

（3）借：制造费用 560

贷：应付职工薪酬 560

（4）借：制造费用 1 700

贷：原材料 1 700

（5）借：制造费用 1 600

贷：累计折旧 1 600

（6）借：制造费用 500

贷：库存现金 500

（7）借：制造费用 400

贷：库存现金 400

（8）借：制造费用 1 200

贷：生产成本——辅助生产成本 1 200

（9）借：制造费用 1 940

贷：银行存款 1 940

制造费用分配率=13 200÷22 000=0.6（元/小时）

各种产品应分配的制造费用：

甲产品应分配的制造费用=7 500×0.6=4 500（元）

乙产品应分配的制造费用=8 500×0.6=5 100（元）

丙产品应分配的制造费用=6 000×0.6=3 600（元）

（10）借：生产成本——基本生产成本——甲产品 4 500

——基本生产成本——乙产品 5 100

——基本生产成本——丙产品 3 600

贷：制造费用 13 200

6.（1）直接分配法。

辅助生产费用分配表（直接分配法）　　　　数量单位：度、吨

金额单位：元

项目		供电车间	供水车间	合计
待分配生产费用		17 400	8 500	25 900
供应辅助生产以外的劳务数量		25 000	10 000	
单位成本		0.696	0.850	
基本生产车间	耗用数量	20 000	9 000	
	分配金额	13 920	7 650	21 570
行政管理部门	耗用数量	5 000	1 000	
	分配金额	3 480	850	4 330
合计		17 400	8 500	25 900

账务处理如下：

借：制造费用　　　　　　　　　　　　　　　　　　　21 570

　　管理费用　　　　　　　　　　　　　　　　　　　4 330

　　贷：生产成本——辅助生产成本——供电车间　　　　　　　17 400

　　　　　　——辅助生产成本——供水车间　　　　　　　　　8 500

（2）交互分配法。

辅助生产费用分配表（交互分配法）　　　　数量单位：度、吨

金额单位：元

项目		供电车间			供水车间			合计
		数量	分配率	分配额	数量	分配率	分配额	
待分配生产费用		29 000	0.6	17 400	12 500	0.68	8 500	25 900
交互分配	供电车间				2 500		1 700	
	供水车间	4 000		2 400				
对外分配的辅助生产费用		25 000	0.668	16 700*	10 000	0.92	9 200**	25 900
对外分配	基本生产车间	20 000		13 360	9 000		8 280	21 640
	行政管理部门	5 000		3 340	1 000		920	4 260
	合计	25 000		16 700	10 000		9 200	25 900

注：*供电车间实际费用=17 400+1 700-2 400=16 700（元）

**供水车间实际费用=8 500+2 400-1 700=9 200（元）

账务处理如下：

交互分配：

借：生产成本——辅助生产成本——供电车间　　　　　　　1 700

　　　　——辅助生产成本——供水车间　　　　　　　　　2 400

　　贷：生产成本——辅助生产成本——供电车间　　　　　　　　2 400

　　贷：生产成本——辅助生产成本——供水车间　　　　　　　　　1 700
　对外分配：
　　借：制造费用　　　　　　　　　　　　　　　　　　　　　　21 640
　　　　管理费用　　　　　　　　　　　　　　　　　　　　　　4 260
　　　　贷：生产成本——辅助生产成本——供电车间　　　　　　　16 700
　　　　　　　　——辅助生产成本——供水车间　　　　　　　　　9 200

（3）代数分配法。

设每度电的单位成本为 x，每吨水的单位成本为 y，则：

$$\begin{cases} 17\,400 + 2\,500y = 29\,000x \\ 8\,500 + 4\,000x = 12\,500y \end{cases}$$

解得：

$$\begin{cases} x = 0.6773 \\ y = 0.8967 \end{cases}$$

辅助生产费用分配表（代数分配法）　　　　　数量单位：度、吨

金额单位：元

项目			供电车间	供水车间	合计
待分配生产费用			17 400	8 500	25 900
劳务供应总量			29 000	12 500	
单位成本			0.6773	0.8967	
辅助生产车间	供电车间	耗用数量		2 500	
		分配金额		2 241.75	
	供水车间	耗用数量	4 000		
		分配金额	2 709.20		
	分配金额小计		2 709.20	2 241.75	4 950.95
基本生产车间		耗用数量	20 000	9 000	
		分配金额	13 546	8 070.30	21 616.30
行政管理部门		耗用数量	5 000	1 000	
		分配金额	3 386.50	896.70	4 283.20
分配金额合计（账户贷方合计）			19 641.70	11 208.75	30 850.45
生产成本——辅助生产成本（账户借方合计）			19 641.75	11 209.20	30 850.95
借贷方差额（尾差）			0.05	0.45	0.50

账务处理如下：

　借：生产成本——辅助生产成本——供电车间　　　　　　　2 241.75
　　　　——辅助生产成本——供水车间　　　　　　　　　2 709.20
　　　　制造费用　　　　　　　　　　　　　　　　　　　21 616.30
　　　　管理费用　　　　　　　　　　　　　　　　　　　4 283.20

贷：生产成本——辅助生产成本——供水车间　　　　　　11 208.75

　　　　——辅助生产成本——供电车间　　　　　　19 641.70

调整尾差：

借：管理费用　　　　　　　　　　　　　　　　　　　　　0.50

　　贷：生产成本——辅助生产成本——供水车间　　　　　　0.45

　　　　——辅助生产成本——供电车间　　　　　　　　　0.05

7.（1）原材料费用分配率=（32 000+45 000）÷（600+100）=110（元/件）

完工产品应分配原材料费用=110×600=66 000（元）

在产品应分配原材料费用=110×100=11 000（元）

（2）直接人工费用分配率=（37 000+95 000）÷（600+100×60%）=200（元/件）

完工产品应分配直接人工费用=200×600=120 000（元）

在产品应分配直接人工费用=200×60=12 000（元）

（3）制造费用分配率=（10 000+56 000）÷（600+100×60%）=100（元/件）

完工产品应分配制造费用=600×100=60 000（元）

在产品应分配制造费用=60×100=6 000（元）

（4）完工产品成本=66 000+120 000+60 000=246 000（元）

月末在产品成本=11 000+12 000+6 000=29 000（元）

8.（1）编制产品成本计算单：

产品成本计算单

产品名称：乙产品　　　　　　　　　　2016年6月

项　目	直接材料	燃料及动力	直接人工	制造费用	合计
月初在产品成本（元）	46 800	2 000	9 700	6 000	64 500
本月生产费用（元）	273 200	22 300	60 500	25 500	381 500
生产费用合计（元）	320 000	24 300	70 200	31 500	446 000
约当产量（件）	1 000	900	900	900	
分配率（元/件）	320	27	78	35	
完工产品成本（元）	256 000	21 600	62 400	28 000	368 000
月末在产品成本（元）	64 000	2 700	7 800	3 500	78 000

（2）编制会计分录如下：

借：库存商品——乙产品　　　　　　　　　　　　　　368 000

　　贷：生产成本——基本生产成本——乙产品　　　　　　368 000

9.（1）月末在产品定额成本：

直接材料定额成本=300×80×100%=24 000（元）

直接人工定额成本=300×6×3=5 400（元）

制造费用定额成本=300×6×2=3 600（元）

月末在产品定额成本=24 000+5 400+3 600=33 000（元）

（2）完工产品成本：

直接材料=77 000-24 000=53 000（元）

直接人工=36 000-5 400=30 600（元）

制造费用=28 200-3 600=24 600（元）

完工产品总成本=53 000+30 600+24 600=108 200（元）

10.（1）计算过程如下：

直接材料费用分配率=（4 800+60 000）÷（700×80+200×80）=0.9

完工产品应分配直接材料费用=700×80×0.9=50 400（元）

月末在产品应分配直接材料费用=200×80×0.9=14 400（元）

直接人工费用分配率=（2 750+16 000）÷（700×3+200×2）=7.5（元/小时）

完工产品应分配直接人工费用=700×3×7.5=15 750（元）

月末在产品应分配直接人工费用=200×2×7.5=3 000（元）

制造费用分配率=（7 500+30 000）÷（700×3+200×2）=15（元/小时）

完工产品应分配制造费用=700×3×15=31 500（元）

月末在产品应分配制造费用=200×2×15=6 000（元）

完工产品成本=50 400+15 750+31 500=97 650（元）

月末在产品成本=14 400+3 000+6 000=23 400（元）

（2）编制产品成本计算单：

产品名称：B产品　　　　产品成本计算单　　　　金额单位：元

摘要	直接材料	直接人工	制造费用	合计
月初在产品成本	4 800	2 750	7 500	15 050
本月生产费用	60 000	16 000	30 000	106 000
生产费用合计	64 800	18 750	37 500	121 050
分配率	0.9	7.5（元/小时）	15（元/小时）	
本月完工产品成本	50 400	15 750	31 500	97 650
月末在产品成本	14 400	3 000	6 000	23 400

第二部分　成本核算方法同步练习

项目一　品种法核算

一、单项选择题

1.A　2.C　3.D　4.D　5.A　6.A　7.D　8.B　9.C　10.A　11.C　12.B　13.A

14.D　15.B　16.B　17.B　18.A　19.D　20.C

二、多项选择题

1.ABC　2.BD　3.BCD　4.CD　5.ABC　6.AD　7.BC　8.ACD　9.CD　10.AB
11.ABCD　12.ACD　13.ABD　14.ABC　15.ABCD　16.BCD　17.ABCD　18.BCD
19.AC　20.ABCD

三、判断题

1.√　2.×　3.√　4.×　5.×　6.√　7.√　8.×　9.×　10.√　11.×　12.×　13.√
14.×　15.√　16.√　17.√　18.×　19.×　20.√

四、业务题

1.（1）甲产品的产品成本计算单：

产品成本计算单

产品名称：甲产品　　　　　　　　2016年3月　　　　　　　　单位：元

摘要	直接材料	直接人工	制造费用	合计
月初在产品成本	2 200 000	180 000	240 000	2 620 000
本月生产费用	7 400 000	1 641 600	772 000	9 813 600
生产费用合计	9 600 000	1 821 600	1 012 000	12 433 600
完工产品成本	8 064 000	1 663 200	924 000	10 651 200
单位成本	960	198	110	
月末在产品成本	1 536 000	158 400	88 000	1 782 400

（2）结转完工入库甲产品成本的会计分录如下：

借：库存商品——甲产品　　　　　　　　　　　　　　　10 651 200

　　贷：生产成本——基本生产成本——甲产品　　　　　　　　　　　10 651 200

2.（1）借：生产成本——基本生产成本——甲产品　　　　　55 000

　　　　　　　　　　——基本生产成本——乙产品　　　　　25 000

　　　　贷：原材料　　　　　　　　　　　　　　　　　　　　　　　80 000

（2）借：制造费用　　　　　　　　　　　　　　　　　　1 250

　　　　贷：原材料　　　　　　　　　　　　　　　　　　　　　　　1 250

（3）借：制造费用　　　　　　　　　　　　　　　　　　3 000

　　　　管理费用　　　　　　　　　　　　　　　　　　2 000

　　　　贷：累计折旧　　　　　　　　　　　　　　　　　　　　　　5 000

（4）借：生产成本——基本生产成本——甲产品　　　　　3 750

　　　　　　　　　　——基本生产成本——乙产品　　　　　1 250

　　　　制造费用　　　　　　　　　　　　　　　　　　1 000

　　　　管理费用　　　　　　　　　　　　　　　　　　1 500

97

　　　　　　　贷：应付职工薪酬——工资　　　　　　　　　　　　　　　7 500
（5）借：生产成本——基本生产成本——甲产品　　　　　　　　　525
　　　　　　　　　——基本生产成本——乙产品　　　　　　　　　175
　　　　　制造费用　　　　　　　　　　　　　　　　　　　　　　140
　　　　　管理费用　　　　　　　　　　　　　　　　　　　　　　210
　　　　　贷：应付职工薪酬——职工福利　　　　　　　　　　　　1 050
（6）制造费用分配率=5 390÷（3 750+1 250）=1.078
甲产品分配制造费用=1.078×3 750=4 042.50（元）
乙产品分配制造费用=1.078×1 250=1 347.50（元）
　借：生产成本——基本生产成本——甲产品　　　　　　　　　4 042.50
　　　　　　　——基本生产成本——乙产品　　　　　　　　　1 347.50
　　　贷：制造费用　　　　　　　　　　　　　　　　　　　　5 390
（7）甲产品生产总成本=37 500+55 000+3 750+525+4 042.50=100 817.50（元）
乙产品生产总成本=25 000+1 250+175+1 347.50=27 772.50（元）
甲产品期末在产品成本=10 000元
甲产品完工产品成本=100 817.50-10 000=90 817.50（元）
乙产品期末在产品成本=0
乙产品完工产品成本=27 772.50元
　借：库存商品——甲产品　　　　　　　　　　　　　　　90 817.50
　　　　　　　——乙产品　　　　　　　　　　　　　　　27 772.50
　　　贷：生产成本——基本生产成本——甲产品　　　　　　90 817.50
　　　　　　　——基本生产成本——乙产品　　　　　　　27 772.50

3.（1）人工费用分配率=60 000÷20 000=3（元/小时）
编制人工费用分配表。

人工费用分配表

2016年9月　　　　　　　　　　　　　　　　　　　　　金额单位：元

应借账户			直接计入金额	分配计入金额			合计
				生产工时	分配率	分配额	
生产成本	基本生产成本	A产品	17 000	15 000		45 000	62 000
		B产品	11 000	5 000		15 000	26 000
		小计	28 000	20 000	3	60 000	88 000
制造费用	基本生产车间		5 000				5 000
合计			33 000			60 000	93 000

（2）编制制造费用明细账。

制造费用明细账

单位：元

2016年		摘　要	原材料	工资	办公费	水电费	折旧费	其他	合计
月	日								
9	30	材料费用分配表	7 000						7 000
	30	人工费用分配表		5 000					5 000
	30	其他费用汇总表			2 000	3 000	12 000	1 000	18 000
	30	合　计	7 000	5 000	2 000	3 000	12 000	1 000	30 000
	30	分配转出	7 000	5 000	2 000	3 000	12 000	1 000	30 000

（3）编制制造费用分配表。

制造费用分配表

2016年9月

金额单位：元

应借账户	生产工时	分配率	分配额
生产成本——基本生产成本——A产品	15 000		22 500
生产成本——基本生产成本——B产品	5 000		7 500
合计	20 000	1.5	30 000

（4）编制A、B产品的产品成本计算单。

产品成本计算单

产品名称：A产品　　　　　　　2016年9月　　　　　　　单位：元

摘要	直接材料	直接人工	制造费用	合计
月初在产品成本	85 000			85 000
本月生产费用	290 000	62 000	22 500	374 500
生产费用合计	375 000	62 000	22 500	459 500
完工产品成本	300 000	62 000	22 500	384 500
单位成本	3 750	775	281.25	
月末在产品成本	75 000			75 000

产品成本计算单

产品名称：B产品   2016年9月   单位：元

摘要	直接材料	直接人工	制造费用	合计
月初在产品成本	5 000	3 000	2 500	10 500
本月生产费用	110 000	26 000	7 500	143 500
生产费用合计	115 000	29 000	10 000	154 000
完工产品成本	110 000	26 000	7 500	143 500
单位成本	1 100	260	75	
月末在产品成本	5 000	3 000	2 500	10 500

项目二 分批法核算

一、单项选择题

1.D 2.C 3.D 4.B 5.C 6.B 7.C 8.B 9.A 10.C 11.B 12.B 13.C 14.A 15.D 16.C 17.D 18.C 19.B 20.C

二、多项选择题

1.ABC 2.ABCD 3.AB 4.ABD 5.AB 6.ABCD 7.ABD 8.ACD 9.ACD 10.AC 11.ABCD 12.ABC 13.ABC 14.AC 15.ABC 16.ABD 17.ABC 18.ACD 19.ABC 20.ABC

三、判断题

1.× 2.√ 3.× 4.× 5.√ 6.× 7.× 8.√ 9.√ 10.√ 11.√ 12.× 13.√ 14.× 15.√ 16.× 17.× 18.√ 19.√ 20.√

四、业务题

1.（1）

生产成本明细账

批号：502   投产日期：5月25日   投产批量：40件
产品名称：A产品   完工日期：6月25日   完工批量：40件

2016年 月	2016年 日	摘要	直接材料	直接人工	制造费用	合计
6	略	月初在产品成本	31 500	3 600	900	36 000
		本月发生生产费用	0	18 000	9 000	27 000
		生产费用合计	31 500	21 600	9 900	63 000
		完工产品总成本	31 500	21 600	9 900	63 000
		完工产品单位成本	787.50	540	247.50	1 575

生产成本明细账

批号：601　　　　　　　投产日期：6月1日　　　　　　　投产批量：20件
产品名称：B产品　　　　完工日期：　月　日　　　　　　　完工批量：15件

2016年		摘要	直接材料	直接人工	制造费用	合计
月	日					
6	略	本月发生生产费用	39 000	15 050	7 350	61 400
		生产费用合计	39 000	15 050	7 350	61 400
		费用分配率	1 950	860	420	3 230
		完工产品总成本	29 250	12 900	6 300	48 450
		完工产品单位成本	1 950	860	420	3 230
		月末在产品成本	9 750	2 150	1 050	12 950

生产成本明细账

批号：602　　　　　　　投产日期：6月20日　　　　　　投产批量：10件
产品名称：C产品　　　　完工日期：　月　日　　　　　　完工批量：　件

2016年		摘要	直接材料	直接人工	制造费用	合计
月	日					
6	略	本月发生生产费用	25 000	8 000	4 000	37 000
		生产费用合计	25 000	8 000	4 000	37 000
		月末在产品成本	25 000	8 000	4 000	37 000

完工产品成本汇总表

2016年6月　　　　　　　　　　　　　　　　　　　金额单位：元

成本项目	A产品（产量40件）		B产品（产量15件）	
	总成本	单位成本	总成本	单位成本
直接材料	31 500	787.50	29 250	1 950
直接人工	21 600	540	12 900	860
制造费用	9 900	247.50	6 300	420
合计	63 000	1575	48 450	3 230

（2）编制会计分录如下：

借：库存商品——A产品　　　　　　　　　　　　　　　　63 000
　　　　　　　——B产品　　　　　　　　　　　　　　　　48 450

贷：生产成本——基本生产成本——A产品   63 000

        ——基本生产成本——B产品   48 450

2.

生产成本明细账

批号：1001   投产日期：9月   投产批量：10台

产品名称：甲产品   完工日期：月   完工批量：6台

2016年		摘要	直接材料	直接人工	制造费用	合计
月	日					
9	略	本月发生生产费用	3 360	2 350	2 800	8 510
		生产费用合计	3 360	2 350	2 800	8 510
		完工产品成本	2 016	1 762.50	2 100	5 878.50
		完工产品单位成本	336	293.75	350	979.75
		月末在产品成本	1 344	587.50	700	2 631.50

完工产品应负担原材料费用=3 360÷10×6=2 016（元）

月末在产品应负担原材料费用=336×4=1 344（元）

完工产品应负担直接人工费用=2 350÷（6+4×50%）×6=1 762.50（元）

月末在产品应负担直接人工费用=2 350-1 762.50=587.50（元）

完工产品应负担制造费用=2 800÷（6+4×50%）×6=2 100（元）

月末在产品应负担制造费用=2 800-2 100=700（元）

生产成本明细账

批号：1002   投产日期：9月   投产批量：10台

产品名称：乙产品   完工日期：月   完工批量：台

2016年		摘要	直接材料	直接人工	制造费用	合计
月	日					
9	略	本月发生生产费用	4 600	3 050	1 980	9 630
		生产费用合计	4 600	3 050	1 980	9 630
		月末在产品成本	4 600	3 050	1 980	9 630

生产成本明细账

批号：1003   投产日期：8月   投产批量：20台

产品名称：丙产品   完工日期：月   完工批量：5台

2016年		摘要	直接材料	直接人工	制造费用	合计
月	日					
9	略	月初在产品成本	1 200	1 060	2 040	4 300
		本月发生生产费用	2 680	2 450	3 020	8 150
		生产费用合计	3 880	3 510	5 060	12 450
		完工产品成本	950	900	1 250	3 100
		完工产品单位成本	190	180	250	620
		月末在产品成本	2 930	2 610	3 810	9 350

完工产品应负担原材料费用=190×5=950（元）

月末在产品应负担原材料费用=3 880−950=2 930（元）

完工产品应负担直接人工费用=180×5=900（元）

月末在产品应负担直接人工费用=3 510−900=2 610（元）

完工产品应负担制造费用=250×5=1 250（元）

月末在产品应负担制造费用=5 060−1 250=3 810（元）

3．（1）直接人工累计分配率=（24 800+36 850）÷（1 020+1 780+4 140+5 560+1 200）

=4.5（元/小时）

制造费用累计分配率=（27 920+48 800）÷（1 020+1 780+4 140+5 560+1 200）=5.6（元/小时）

#701甲产品完工产品成本=（12 400+10 600）+（1 020+1 780）×4.5+（1 020+1 780）×5.6

=51 280（元）

#702乙产品完工产品成本=30 800×3÷8+6 800×4.5+6 800×5.6=80 230（元）

（2）借：库存商品——甲产品　　　　　　　　　　　　　　　51 280

　　　　　　　　——乙产品　　　　　　　　　　　　　　　80 230

　　　贷：生产成本——基本生产成本——甲产品　　　　　　　　51 280

　　　　　　　　——基本生产成本——乙产品　　　　　　　　80 230

4.

基本生产成本二级账

2016年		摘要	原材料	生产工时	工资及福利费	制造费用	合计
月	日						
9	略	本月发生费用	12 450	8 960	3 584	5 376	21 410
		累计间接费用分配率			0.4	0.6	
		完工产品转出	7 960	3 730	1 492	2 238	11 690
		余额	4 490	5 230	2 092	3 138	9 720

工资及福利费累计间接费用分配率=3 584÷8 960=0.4（元/小时）

制造费用累计间接费用分配率=5 376÷8 960=0.6（元/小时）

生产成本明细账

批号：901　　　　　　　　　　投产日期：9月1日　　　　　　　　　　投产批量：10件

产品名称：甲产品　　　　　　　完工日期：9月25日　　　　　　　　　完工批量：10件

2016年		摘要	原材料	生产工时	工资及福利费	制造费用	合计
月	日						
9	略	本月发生费用	6 120	3 250			
		累计间接费用分配率			0.4	0.6	
		完工产品应负担的间接费用			1 300	1 950	3 250
		完工产品成本	6 120	3 250	1 300	1 950	9 370
		单位成本	612		130	195	937

甲产品完工产品应负担的工资及福利费=3 250×0.4=1 300（元）

甲产品完工产品应负担的制造费用=3 250×0.6=1 950（元）

生产成本明细账

批号：902 投产日期：9月5日 投产批量：10件

产品名称：乙产品 完工日期： 月 日 完工批量：5件

2016年		摘要	原材料	生产工时	工资及福利费	制造费用	合计
月	日						
9	略	本月发生费用	3 680	750			
		累计间接费用分配率			0.4	0.6	
		完工产品应负担的间接费用			192	288	480
		完工产品成本	1 840	480	192	288	2 320
		单位成本	368		38.4	57.6	464
		月末余额	1 840	270			

乙产品完工产品应负担的原材料费用=3 680÷10×5=1 840（元）

乙产品完工产品应负担的工资及福利费=0.4×480=192（元）

乙产品完工产品应负担的制造费用=0.6×480=288（元）

生产成本明细账

批号：903 投产日期：9月15日 投产批量：5件

产品名称：丙产品 完工日期： 月 日 完工批量： 件

2016年		摘要	原材料	生产工时	工资及福利费	制造费用	合计
月	日						
9	略	本月发生费用	1 360	2 840			
		月末余额	1 360	2 840			

生产成本明细账

批号：904 投产日期：9月20日 投产批量：5件

产品名称：丁产品 完工日期： 月 日 完工批量： 件

2016年		摘要	原材料	生产工时	工资及福利费	制造费用	合计
月	日						
9	略	本月发生费用	1 290	2 120			
		月末余额	1 290	2 120			

项目三　分步法核算

一、单项选择题

1.B　2.A　3.C　4.D　5.C　6.A　7.D　8.B　9.D　10.C　11.A　12.C　13.C　14.C　15.A　16.D　17.B　18.A　19.C　20.A

二、多项选择题

1.BC　2.AD　3.ABC　4.BCD　5.AB　6.BC　7.ABC　8.CD　9.ABC　10.BD　11.AC　12.BD　13.BC　14.ABCD　15.AB　16.ABCD　17.AC　18.BD　19.BC　20.ABCD

三、判断题

1.×　2.×　3.×　4.×　5.√　6.×　7.√　8.√　9.×　10.√　11.√　12.√　13.×　14.√　15.×　16.×　17.×　18.×　19.√　20.√

四、业务题

1.第二步骤结转到第三步骤的半成品成本=6 800+600−（2 500+800）=4 100（元）

2.该企业产成品成本计算过程如下：

（1）编制第一步骤产品成本计算单。

第一步骤产品成本计算单

产品名称：A半成品　　　　　　　　××年×月　　　　　　　　金额单位：元

项目	直接材料	直接人工	制造费用	合计
月初在产品成本	64	8	90	162
本月发生费用	608	148	300	1 056
生产费用合计	672	156	390	1 218
完工半成品数量（件）	72	72	72	
在产品约当产量（件）	12	6	6	
总约当产量（件）	84	78	78	
费用分配率（元/件）	8	2	5	15
完工A半成品成本	576	144	360	1 080
月末在产品成本	96	12	30	138

说明：

①直接材料费用的分配。

直接材料费用分配率=672÷（72+12）=8（元/件）

完工A半成品直接材料费用=72×8=576（元）

月末在产品直接材料费用=12×8=96（元）

②直接人工费用的分配。

直接人工费用分配率=156÷（72+6）=2（元/件）

完工A半成品直接人工费用=72×2=144（元）

月末在产品直接人工费用=6×2=12（元）

③制造费用的分配。

制造费用分配率=390÷（72+6）=5（元/件）

完工A半成品制造费用=72×5=360（元）

月末在产品制造费用=6×5=30（元）

（2）编制第二步骤产品成本计算单。

第二步骤产品成本计算单

产品名称：B半成品　　　　　　　　　　××年×月　　　　　　　　　　金额单位：元

项目	半成品	直接人工	制造费用	合计
月初在产品成本	180	18	25	223
本月本步发生费用		222	135	357
本月上步转入费用	1 080			1 080
生产费用合计	1 260	240	160	1 660
完工半成品数量（件）	76	76	76	
在产品约当产量（件）	8	4	4	
总约当产量（件）	84	80	80	
费用分配率（元/件）	15	3	2	20
完工B半成品成本	1 140	228	152	1 520
月末在产品成本	120	12	8	140

说明：

①A半成品费用的分配。

半成品费用分配率=1 260÷（76+8）=15（元/件）

完工B半成品A半成品费用=76×15=1 140（元）

月末在产品A半成品费用=8×15=120（元）

②直接人工费用的分配。

直接人工费用分配率=240÷（76+4）=3（元/件）

完工B半成品直接人工费用=76×3=228（元）

月末在产品直接人工费用=4×3=12（元）

③制造费用的分配。

制造费用分配率=160÷（76+4）=2（元/件）

完工 B 半成品制造费用=76×2=152（元）

月末在产品制造费用=4×2=8（元）

（3）编制第三步骤产品成本计算单。

第三步骤产品成本计算单

产品名称：甲产品　　　　　　　　　　××年×月　　　　　　　　　　金额单位：元

项目	半成品	直接人工	制造费用	合计
月初在产品成本	200	40	50	290
本月本步发生费用		292	157.50	449.50
本月上步转入费用	1 520			1 520
生产费用合计	1 720	332	207.50	2 259.50
完工产品数量（件）	80	80	80	
在产品约当产量（件）	6	3	3	
总约当产量（件）	86	83	83	
费用分配率（元/件）	20	4	2.50	26.50
完工甲产成品成本	1 600	320	200	2 120
月末在产品成本	120	12	7.50	139.50

说明：

①B 半成品费用的分配。

半成品费用分配率=1 720÷（80+6）=20（元/件）

完工产成品 B 半成品费用=80×20=1 600（元）

月末在产品 B 半成品费用=6×20=120（元）

②直接人工费用的分配。

直接人工费用分配率=332÷（80+3）=4（元/件）

完工产成品直接人工费用=80×4=320（元）

月末在产品直接人工费用=3×4=12（元）

③制造费用的分配。

制造费用分配率=207.50÷（80+3）=2.50（元/件）

完工产成品制造费用=80×2.50=200（元）

月末在产品制造费用=3×2.50=7.50（元）

（4）编制结转完工甲产品成本的会计分录：

借：库存商品——甲产品　　　　　　　　　　　　　　　　　　　　2 120

　　贷：生产成本——基本生产成本——第三步骤（甲产品）　　　　　　2 120

3.

产成品成本还原计算表

产品：甲产品 　　　　　　　　××年×月 　　　　　　　　金额单位：元

成本项目	第一步骤A半成品		第二步骤B半成品		第三步骤产成品			原始成本项目合计
	成本	成本项目比重（%）	成本	成本项目比重（%）	成本	还原成本第二步	再还原成本第一步	
B半成品					1 600	−1 600		
A半成品			1 140	75		1 200	−1 200	
直接材料	576	53.33					640	640
直接人工	144	13.33	228	15	320	240	160	720
制造费用	360	33.34	152	10	200	160	400	760
合计	1 080	100	1 520	100	2 120	0	0	2 120

4.

第一车间产品成本明细账

产品名称：B半成品 　　　　　　　　　　　　　　　　　　　单位：元

年		摘　要	直接材料	直接人工	制造费用	合计
月	日					
		月初在产品定额成本	6 000	3 800	2 900	12 700
		本月生产费用	30 200	21 500	16 500	68 200
		生产费用合计	36 200	25 300	19 400	80 900
		完工半成品成本	29 900	22 500	17 600	70 000
		月末在产品定额成本	6 300	2 800	1 800	10 900

自制半成品明细账

半成品名称： 　　　　　　　　B半成品 　　　　　　　　　单位：件、元

月份	月初余额		本月增加		合计			本月减少	
	数量	实际成本	数量	实际成本	数量	实际成本	单位成本	数量	实际成本
4	500	11 000	2 500	70 000	3 000	81 000	27	2 600	70 200
5	400	10 800	—	—					

第二车间产品成本明细账

产品名称：A产品 单位：元

年		摘 要	半成品	直接人工	制造费用	合计
月	日					
		月初在产品定额成本	27 600	2 450	2 600	32 650
		本月生产费用	70 200	19 600	15 400	105 200
		生产费用合计	97 800	22 050	18 000	137 850
		完工产品成本	84 000	16 800	14 000	114 800
		月末在产品定额成本	13 800	5 250	4 000	23 050

5.（1）计算第一车间本月所产A半成品的实际成本。

第一车间产品成本计算单

产品名称：A半成品 ××年×月 完工程度：50%
完工产品：270件 在产品：80件 金额单位：元

项 目	直接材料	直接人工	制造费用	合计
月初在产品成本	6 000	2 500	1 500	10 000
本月本步骤发生生产费用	57 000	16 100	7 800	80 900
生产费用合计	63 000	18 600	9 300	90 900
本月完工A半成品数量	270	270	270	
月末在产品数量	80	80	80	
月末在产品完工程度（%）	100	50	50	
月末在产品约当产量	80	40	40	
约当总产量	350	310	310	
费用分配率（元/件）	180	60	30	
本月完工A半成品成本	48 600	16 200	8 100	72 900
月末在产品成本	14 400	2 400	1 200	18 000

（2）计算第二车间本月所产B半成品的实际成本。

采用分项逐步结转分步法时，从上一步骤转入的直接人工费用、制造费用，对本步骤而言是已全部投入的，月末在产品应与本月完工半成品同等分配，不需按在产品完工程度折合约当产量。因此，应对每一个成本项目都区分为上步骤转入和本步骤发生，以利于正确计算月末在产品成本。

109

第二车间产品成本计算单

产品名称：B 半成品　　　　　　　　××年×月　　　　　　　　完工程度：50%

完工产品：280 件　　　　　　　　在产品：60 件　　　　　　　　金额单位：元

项目	直接材料		直接人工		制造费用		合计	
	上步骤转入	本步骤发生	上步骤转入	本步骤发生	上步骤转入	本步骤发生	上步骤转入	本步骤发生
月初在产品成本	9 200		4 200	7 500	2 100	3 000	15 500	10 500
本月本步骤发生生产费用				32 800		21 800		54 600
本月上步骤转入生产费用	48 600		16 200		8 100		72 900	
生产费用合计	57 800		20 400	40 300	10 200	24 800	153 500	
本月完工 B 半成品数量	280		280	280	280	280		
月末在产品数量	60		60	60	60	60		
月末在产品完工程度（%）	100		100	50	100	50		
月末在产品约当产量	60		60	30	60	30		
约当总产量	340		340	310	340	310		
费用分配率（元/件）	170		60	130	30	80		
本月完工 B 半成品成本	47 600		16 800	36 400	8 400	22 400	131 600	
月末在产品成本	10 200		3 600	3 900	1 800	2 400	15 600	6 300

根据成本计算结果和完工半成品入库单，编制结转本月完工入库 B 半成品成本的会计分录：

借：自制半成品——B 半成品　　　　　　　　　　　　　　　131 600

　　贷：生产成本——基本生产成本——第二车间（B 半成品）　　　131 600

（3）计算第三车间本月所产甲产品的实际成本。

①计算第三车间本月领用 B 半成品成本。

自制半成品明细账

产品名称：B 半成品　　　　　　　　××年×月　　　　　　　　金额单位：元

××年		凭证号数	摘要	数量（件）	金额合计	其中		
月	日					直接材料	直接人工	制造费用
		略	月初余额	50	26 800	15 100	6 200	5 500
			本月入库	280	131 600	47 600	53 200	30 800
			本月领用	290	139 200	55 100	52 200	31 900
			月末结存	40	19 200	7 600	7 200	4 400

表中，本月领用B半成品的各成本项目加权平均单价和成本计算如下：

直接材料的加权平均单价$=\dfrac{15\,100+47\,600}{50+280}=190$（元/件）

本月领用B半成品的直接材料=290×190=55 100（元）

直接人工的加权平均单价$=\dfrac{6\,200+53\,200}{50+280}=180$（元/件）

本月领用B半成品的直接人工=290×180=52 200（元）

制造费用的加权平均单价$=\dfrac{5\,500+30\,800}{50+280}=110$（元/件）

本月领用B半成品的制造费用=290×110=31 900（元）

本月领用B半成品成本=55 100+52 200+31 900=139 200（元）

根据计算结果，编制结转第三车间领用B半成品成本的会计分录为：

借：生产成本——基本生产成本——第三车间（甲产品）　　　139 200

　　贷：自制半成品——B半成品　　　　　　　　　　　　　　　　139 200

②第三车间生产费用在完工产品和月末在产品之间的分配。

第三车间为生产甲产品的最后生产步骤，在归集本步骤生产费用时，应加上从半成品仓库领用的B半成品的成本。同样，也是采用约当产量法分项目、分上步骤转入和本步骤发生分配本月完工甲产品和月末在产品费用，计算出甲产品的实际总成本。

第三车间产品成本计算单

产品名称：甲产品　　　　　　　　××年×月　　　　　　　　完工程度：50%
完工产品：300件　　　　　　　　在产品：50件　　　　　　　金额单位：元

项目	直接材料 上步骤转入	直接材料 本步骤发生	直接人工 上步骤转入	直接人工 本步骤发生	制造费用 上步骤转入	制造费用 本步骤发生	合计 上步骤转入	合计 本步骤发生
月初在产品成本	21 900		7 300	8 000	3 100	6 750	32 300	14 750
本月本步骤发生生产费用				50 500		42 000		925 00
本月上步骤转入生产费用	55 100		52 200		31 900		139 200	
生产费用合计	77 000		59 500	58 500	35 000	48 750	278 750	
本月完工产品数量	300		300	300	300	300		
月末在产品数量	50		50	50	50	50		
月末在产品完工程度（%）	100		100	50	100	50		
月末在产品约当产量	50		50	25	50	25		
约当总产量	350		350	325	350	325		
费用分配率（元/件）	220		170	180	100	150		
本月完工产品成本	66 000		51 000	54 000	30 000	45 000	246 000	
月末在产品成本	11 000		8 500	4 500	5 000	3 750	24 500	8 250

根据计算结果和完工产品入库单，编制结转本月完工入库甲产品成本的会计分录：

借：库存商品——甲产品 246 000

贷：生产成本——基本生产成本——第三车间（甲产品） 246 000

6.（1）编制各生产步骤的约当产量计算表。

各生产步骤约当产量计算表 单位：件

摘要	直接材料	直接人工	制造费用
第一步骤的约当总产量	290 （200+40+30+20）	270 （200+40×50%+30+20）	270
第二步骤的约当总产量	250 （200+30+20）	235 （200+30×50%+20）	235
第三步骤的约当总产量	220 （200+20）	210 （200+20×50%）	210

（2）编制各生产步骤的产品成本计算单。

第一车间产品成本计算单

产品名称：C产品（A半成品） 金额单位：元

摘要	直接材料	直接人工	制造费用	合计
月初在产品成本	1 000	60	100	1 160
本月发生费用	18 400	2 200	2 400	23 000
合计	19 400	2 260	2 500	24 160
第一步骤的约当总产量	290	270	270	
分配率	66.90	8.37	9.26	
应计入产成品成本份额	13 380	1 674	1 852	16 906
月末在产品成本	6 020	586	648	7 254

第二车间产品成本计算单

产品名称：C产品（B半成品） 金额单位：元

摘要	直接人工	制造费用	合计
月初在产品成本	200	120	320
本月发生费用	3 200	4 800	8 000
合计	3 400	4 920	8 320
第二步骤的约当总产量	235	235	
分配率	14.47	20.94	
应计入产成品成本份额	2 894	4 188	7 082
月末在产品成本	506	732	1 238

第三车间产品成本计算单

产品名称：C产品   金额单位：元

摘要	直接人工	制造费用	合计
月初在产品成本	180	160	340
本月发生费用	3 450	2 550	6 000
合计	3 630	2 710	6 340
第三步骤的约当总产量	210	210	
分配率	17.29	12.90	
应计入产成品成本份额	3 458	2 580	6 038
月末在产品成本	172	130	302

（3）编制产品成本汇总表。

产品成本汇总计算表

产品名称：C产品   金额单位：元

项目	数量	直接材料	直接人工	制造费用	总成本	单位成本
第一车间		13 380	1 674	1 852	16 906	84.53
第二车间			2 894	4 188	7 082	35.41
第三车间			3 458	2 580	6 038	30.19
合计	200	13 380	8 026	8 620	30 026	150.13

根据产品成本汇总计算表和产成品入库单，编制结转完工入库产品生产成本的会计分录：

借：库存商品——C产品   30 026
　　贷：生产成本——基本生产成本——第一步骤（C产品）   16 906
　　　　　　——基本生产成本——第二步骤（C产品）   7 082
　　　　　　——基本生产成本——第三步骤（C产品）   6 038

项目四　分类法核算

一、单项选择题

1.B　2.D　3.D　4.B　5.D　6.C　7.C　8.A　9.C　10.D　11.A　12.D　13.B
14.C　15.C　16.A　17.C　18.D　19.D　20.D

二、多项选择题

1.ABCD　2.ABC　3.BD　4.ABCD　5.ABCD　6.ACD　7.CD　8.ABC　9.ACD
10.ABCD　11.AD　12.ABCD　13.BC　14.ABC　15.BC　16.AB　17.ABCD　18.BC

19.ABCD　　20.ABC

三、判断题

1.×　2.×　3.×　4.√　5.√　6.×　7.√　8.×　9.√　10.√　11.√　12.×　13.×
14.×　15.√　16.×　17.√　18.√　19.×　20.√

四、业务题

1.

直接材料费用系数和定额工时

产品类别：A类产品　　　　　　　　　2016年10月

项　目	本月实际产量（件）	单位产品直接材料费用			直接材料费用系数	单位产品工时定额
		消耗定额（千克）	计划单价（元）	费用定额		
产成品甲	200	9	5	45	0.45	22
产成品乙	400	15	8	120	1.20	30
产成品丙	800	10	10	100	1	26

A类产品生产成本明细账

产品类别：A类产品　　　　　　　　　2016年10月　　　　　　　　　单位：元

年 月	年 日	摘　要	直接材料	直接人工	制造费用	合计
		月初在产品成本	40 000	65 000	52 000	157 000
		本月生产费用	110 600	320 000	152 000	582 600
		生产费用合计	150 600	385 000	204 000	739 600
		完工产品总成本	105 490	305 040	133 920	544 450
		月末在产品成本	45 110	79 960	70 080	195 150

类内各种产品成本计算单

产品类别：A类产品　　　　　　　　　2016年10月　　　　　　　　　金额单位：元

项目	产量（件）	直接材料费用系数	直接材料费用总系数	单位产品工时定额	定额工时总额（小时）	直接材料	直接人工	制造费用	合计
费用分配率						77	8.20	3.60	
产成品甲	200	0.45	90	22	44 00	6 930	36 080	15 840	58 850
产成品乙	400	1.20	480	30	12 000	36 960	98 400	43 200	178 560
产成品丙	800	1	800	26	20 800	61 600	170 560	74 880	307 040
合计			1 370		37 200	105 490	305 040	133 920	544 450

2.

联产品的产量和单价

产品名称	产量（千克）	单位售价（元/千克）	系　数
甲产品	6 000	12	1
乙半成品	4 000	24	2
丙产品	3 000	15	1.25

联产品的成本资料　　　　　　　　　　　　　金额单位：元

项目	直接材料	直接人工	制造费用	合　计
分离前的A类产品联合成本	95 850	38 340	57 510	191 700
各成本项目占总成本的比重	50%	20%	30%	100%
分离后乙半成品的可归属成本	5 203	2 405	3 302	10 910

A类产品（联产品）成本分配计算表　　　　　　　金额单位：元

产品名称	产量（千克）	单位售价（元/千克）	系数	总系数（标准产量）	联合成本	分配率	分配到的联合成本	单位成本
甲产品	6 000	12	1	6 000			64 800	10.80
乙半成品	4 000	24	2	8 000			86 400	21.60
丙产品	3 000	15	1.25	3 750			40 500	13.50
合　计				17 750	191 700	10.80	191 700	

丁产品成本汇总计算表　　　　　　　　　　　金额单位：元

成本项目	分配到的联合成本		可归属成本	总成本
	比重	金额		
直接材料	50%	43 200	5 203	48 403
直接人工	20%	17 280	2 405	19 685
制造费用	30%	25 920	3 302	29 222
合　计	100%	86 400	10 910	97 310

项目五　定额法核算

一、单项选择题

1.A　2.C　3.B　4.D　5.C　6.A　7.B　8.D　9.A　10.C　11.B　12.D　13.A　14.C　15.A　16.D　17.B　18.A　19.A　20.B

二、多项选择题

1.ABCD　2.ABC　3.ABC　4.ABCD　5.ABCD　6.ABCD　7.AC　8.ABCD　9.AC　10.AB　11.ABCD　12.BCD　13.BD　14.ABC　15.ABD　16.ACD　17.ABC　18.AC　19.BD　20.ACD

三、判断题

1.×　2.√　3.×　4.√　5.×　6.×　7.×　8.√　9.×　10.√　11.×　12.×　13.√　14.×　15.√　16.×　17.√　18.×　19.√　20.√

四、业务题

1.（1）月末在产品原材料定额费用=2 000-30+22 000-20 500=3 470（元）

（2）原材料定额差异率=（50-600）÷（2 000-30+22 000）=-2.29%

本月应负担材料成本差异=（22 000-600）×（-1%）=-214（元）

本月完工产品原材料实际成本=20 500+20 500×（-2.29%）-214+30

$$=19\ 846.55（元）$$

月末在产品原材料实际成本=3 470+［（50-600）-20 500×（-2.29%）］

$$=3\ 389.45（元）$$

2.（1）计算本月完工产品原材料的定额费用：

调整后的单位产品原材料费用定额=220×0.9=198（元）

本月完工产品原材料定额费用=500×198=99 000（元）

（2）$\dfrac{\text{月末在产品的}}{\text{原材料定额费用}}=\dfrac{\text{月初在产}}{\text{品定额费用}}\pm\dfrac{\text{月初在产品}}{\text{定额费用调整}}+\dfrac{\text{本月}}{\text{定额费用}}-\dfrac{\text{完工产品}}{\text{定额费用}}$

$$=5\ 000-100+100\ 000-99\ 000=5\ 900（元）$$

（3）$\dfrac{\text{本月原材料脱}}{\text{离定额差异率}}=\dfrac{\text{月初在产品原材料脱离定额差异}+\text{本月脱离定额差异}}{\text{完工产品原材料定额费用}+\text{月末在产品原材料定额费用}}$

$$=（-145-5\ 100）÷（99\ 000+5\ 900）=-5\%$$

（4）$\dfrac{\text{本月完工产品应负担}}{\text{的原材料成本差异}}=\left(\dfrac{\text{本月所耗原}}{\text{材料定额费用}}+\dfrac{\text{原材料脱离}}{\text{定额差异}}\right)×\dfrac{\text{材料成本}}{\text{差异率}}$

$$=（100\ 000-5\ 100）×1\%=949（元）$$

（5）$\dfrac{\text{本月完工产品}}{\text{原材料实际费用}}=\dfrac{\text{完工产品原材料}}{\text{定额费用}}+\dfrac{\text{完工产品应负担原材料}}{\text{脱离定额差异}}+\dfrac{\text{原材料}}{\text{成本差异}}+\dfrac{\text{月初在产品}}{\text{定额变动差异}}$

$$=99\ 000+99\ 000×（-5\%）+949+100=95\ 099（元）$$

$\dfrac{\text{月末在产品原材料}}{\text{实际费用}}=\dfrac{\text{月末在产品原材料}}{\text{定额费用}}+\dfrac{\text{月末在产品应负担}}{\text{原材料脱离定额差异}}$

$$=5\ 900+5\ 900×（-5\%）=5\ 605（元）$$

3.月末在产品定额成本=100×80+500×（4+5+3）=14 000（元）

4.甲产品本月投产数量=500+120-60=560（台）

原材料定额消耗量=560×10=5 600（千克）

原材料实际消耗量=5 600+400+100-300=5 800（千克）

原材料脱离定额差异=（原材料实际消耗量-原材料定额消耗量）×材料计划单价

$$=（5 800-5 600）×4=800（元）$$

5. 甲产品人工费用脱离定额差异 = 甲产品实际生产工资 - 定额生产工资

$$= 实际生产工时 × 实际小时工资率 - （实际完成的定额生产工时 × 计划小时工资率）$$

$$=6 200×3.1-（1 500+200×80\%-100×60\%）×4×3$$

$$=19 220-19 200=+20（元）$$

6.（1）计算本月定额成本和脱离定额差异。

①直接材料定额成本=23.75×50×10=11 875（元）

脱离定额差异=（2 400-50×23.75）×10=12 125（元）

②直接人工定额成本=［40+（15-5）×50%］×25×3=3 375（元）

脱离定额差异=6 975-3 375=3 600（元）

③制造费用定额成本=［40+（15-5）×50%］×25×2.5=2 812.50（元）

脱离定额差异=5 400-2 812.50=2 587.50（元）

（2）计算材料成本差异。

材料成本差异=（11 875+12 125）×2%=480（元）

（3）计算月初在产品定额变动差异。

月初在产品定额变动差异=2 500×（1-23.75÷25）=125（元）

（4）编制生产费用分配的记账凭证。

借：生产成本——基本生产成本——甲产品（定额成本） 18 062.50

   ——基本生产成本——甲产品（脱离定额差异） 18 312.50

   ——基本生产成本——甲产品（材料成本差异） 480

 贷：原材料 24 000

  材料成本差异 480

  应付职工薪酬 6 975

  制造费用 5 400

（5）编制产品成本计算单，采用定额法计算完工产品和月末在产品的实际成本。

产品成本计算单　　　　　　　　　　金额单位：元

成本项目		直接材料	直接人工	制造费用	合计
月初在产品成本	定额成本	2 500	375	362.50	3 237.50
	脱离定额差异	-50	25	12.50	-12.50

续表

成本项目		直接材料	直接人工	制造费用	合计
月初在产品定额变动	定额成本调整	−125			−125
	定额变动差异	125			125
本月生产费用	定额成本	11 875	3 375	2 812.50	18 062.50
	脱离定额差异	12 125	3 600	2 587.50	18 312.50
	材料成本差异	480			480
生产费用累计	定额成本	14 250	3 750	3 175	21 175
	脱离定额差异	12 075	3 625	2 600	18 300
	材料成本差异	480			480
	定额变动差异	125			125
差异分配率（%）	脱离定额差异	0.85	0.97	0.82	
	材料成本差异	0.03			
	定额变动差异	0.01			
本月完工产品成本	定额成本	9 500	3 000	2 500	15 000
	脱离定额差异	8 050	2 900	2 047.24	12 997.24
	材料成本差异	320			320
	定额变动差异	83.33			83.33
	小计	17 953.33	5 900	4 547.24	28 400.57
月末在产品成本	定额成本	4 750	750	675	6 175
	脱离定额差异	4 025	725	552.76	5 302.76
	材料成本差异	160			160
	定额变动差异	41.67			41.67
	小计	8 976.67	1 475	1 227.76	11 679.43

（6）编制结转完工产品成本的会计分录。

借：库存商品——甲产品　　　　　　　　　　　　　　　28 400.57

　　贷：生产成本——基本生产成本　　　　　　　　　　　28 400.57

第三部分　成本报表编制与分析同步练习

项目一　成本报表编制

一、单项选择题

1.A　2.B　3.A　4.B　5.B　6.A　7.A　8.A　9.D　10.A　11.A　12.D

二、多项选择题

1.ACD　2.BCD　3.BC　4.ABC　5.AB　6.AB　7.ABCD　8.AB　9.ABCD　10.ABCD　11.AD　12.ABCD

三、判断题

1.× 2.× 3.× 4.√ 5.√ 6.√ 7.× 8.√ 9.√ 10.√ 11.× 12.×

四、业务题

1.（1）计算和填列产品成本报表中总成本各栏数字。

产品生产成本表（按产品种类反映）

编制单位：晓晓公司　　　　　　　　2016年12月　　　　　　　　金额单位：元

产品名称	计量单位	实际产量		单位成本				本月总成本			本年累计总成本		
		本月实际产量	本年累计实际产量	上年实际平均	本年计划	本月实际	本年累计平均	按上年实际平均单位成本计算	按本年计划单位成本计算	本月实际	按上年实际平均单位成本计算	按本年计划单位成本计算	本年实际
		1	2	3	4	5=9÷1	6	7=1×3	8=1×4	9	10=2×3	11=2×4	12=2×6
可比产品	—	—	—	—	—	—	—	98 828	95 278	94 248	1 001 168	965 218	954 440
其中：甲产品	件	118	1198	238	233	218	214	28 084	27 494	25 724	285 124	279 134	256 372
乙产品	件	148	1498	478	458	463	466	70 744	67 784	68 524	716 044	686 084	698 068
不可比产品	—								5 980	5 880		70 564	70 092
其中：丙产品	件	10	118		598	588	594		5 980	5 880		70 564	70 092
全部产品成本总额	—	—	—	—	—	—	—	101 258	100 128		1 035 782	1 024 532	

注：不可比产品因为没有成本资料可比较，所以不必填列按上年实际平均单位成本计算的本月总成本、本年累计总成本。

（2）计算可比产品成本计划降低额。

根据上述数据，晓晓公司2016年度可比产品成本降低额的计算过程如下：

可比产品成本计划降低额=1 138×（238-233）+1 438×（478-458）=34 450（元）

（3）计算可比产品成本实际降低额。

可比产品成本实际降低额=1 001 168-954 440=46 728（元）

（4）计算可比产品成本计划降低率。

可比产品成本计划降低额=34 450÷（1 138×238+14 38×478）×100%=3.60%

（5）计算可比产品成本实际降低率。

可比产品成本实际降低率=46 728÷1 001 168×100%=4.67%

（6）每百元产值成本率（计划）。

产值成本率（计划）=（1 138×233+1 438×458+118×598）÷2 000 000×100=49.72

（7）每百元产值成本率（实际）。

产值成本率（实际）=1 024 532÷2 000 000×100=51.23

2.

成本对比分析表   金额单位：元

项 目	本年计划成本	本年实际成本	成本差异额	成本差异率
A 产品	1 000 000	980 000	−20 000	−2%
B 产品	2 500 000	2 600 000	100 000	4%
C 产品	3 800 000	4 000 000	200 000	5.26%
合 计	7 300 000	7 580 000	280 000	3.38%

项目二　成本报表分析

一、单项选择题

1.C　2.B　3.C　4.D　5.A　6.B　7.A　8.C　9.D　10.A　11.A　12. C

二、多项选择题

1.BCD　2.ACD　3. BCD　4.AB　5.BCD　6.AD　7.ABC　8.ABCD　9.ABCD
10.ABCD　11.ABC　12.BC

三、判断题

1.×　2.√　3.√　4.√　5.√　6.√　7.×　8.√　9.√　10.×　11.×　12. √

四、业务题

1.各因素变化对材料费用总额变动的影响程度计算如下：

计划指标=125×6×4=3 000 （元）　　　　　　　　　　　　　　　　　　（1）

第一次替代=155×6×4=3 720（元）　　　　　　　　　　　　　　　　　　（2）

第二次替代=155×4×4=2 480（元）　　　　　　　　　　　　　　　　　　（3）

第三次替代=155×4×5=3 100（元）　　　　　　　　　　　　　　　　　　（4）

据此测定的结果：

产量增加产生的影响=（2）−（1）=3 720−3 000=720（元）

材料单耗降低产生的影响=（3）−（2）=2 480−3 720=−1 240（元）

材料单价上升产生的影响=（4）−（3）=3 100−2 480=620（元）

综合各因素变动的影响程度=720−1 240+620=100（元）

2.各因素变化对差异的影响程度计算如下：

产量增加产生的影响=（130−110）×5×3=300（元）

材料单耗降低产生的影响=130×（4−5）×3=−390（元）

材料单价上升产生的影响=130×4×（5−3）=1 040（元）

综合各因素变动的影响程度=300−390+1 040=950（元）

3.（1）制造费用本年实际与计划的差异额见下表。

制造费用明细表   单位：元

费用项目	本年计划	本年实际	实际与计划的差异额
职工薪酬	73 700	72 500	1 200
办公费	10 060	10 000	60
折旧费	29 700	29 700	0
修理费	9 200	9 000	200
租赁费	19 700	19 700	0
机物料消耗	13 200	12 000	1 200
低值易耗品摊销	800	780	20
水电费	14 700	14 000	700
劳动保护用品费	10 800	10 600	200
差旅费	2 200	2 100	100
运输费	5 200	5 080	120
保险费	2 000	2 080	−80
图纸资料费	1 500	1 300	200
其他	700	800	−100
合计	193 460	189 640	3 820

（2）从制造费用明细表的计算可知，本年度制造费用总额实际比计划节约了
3 820元，表明本年度降低制造费用的任务完成得较好。